BIBLIOTHÈQUE GÉNÉRALE DE CINÉMATOGRAPHIE

TRAITÉ PRATIQUE

DE

CINÉMATOGRAPHIE

PAR

ERNEST COUSTET

TOME II

(Les Projections Cinématographiques)

PARIS

Comptoir d'Édition de « Cinéma-Revue »

CHARLES-MENDEL

118 ET 118bis, RUE D'ASSAS, 118 ET 118bis

TRAITÉ PRATIQUE

DE

CINÉMATOGRAPHIE

TOURS. — IMPRIMERIE DESLIS FRÈRES ET Cie

BIBLIOTHÈQUE GÉNÉRALE DE CINÉMATOGRAPHIE

TRAITÉ PRATIQUE

DE

CINÉMATOGRAPHIE

PAR

ERNEST COUSTET

TOME II

(Les Projections Cinématographiques)

PARIS

Comptoir d'Édition de « Cinéma-Revue »

CHARLES-MENDEL

118 ET 118bis, RUE D'ASSAS, 118 ET 118bis

TRAITÉ PRATIQUE

DE

CINÉMATOGRAPHIE

DEUXIÈME PARTIE

LES PROJECTIONS CINÉMATOGRAPHIQUES

CHAPITRE I

PRINCIPES FONDAMENTAUX

Définitions. — On entend par *projection* l'image réelle qui se forme sur une surface placée à une distance convenable d'une lentille de verre ou de tout autre système optique convergent. Comme c'est généralement l'image amplifiée d'un sujet peint sur verre ou d'un diapositif photographique, la projection pourrait également être définie : un *agrandissement temporaire*.

L'instrument d'optique qui produit l'image amplifiée est désigné sous le nom d'*objectif*, et la surface sur laquelle elle se forme porte le nom d'*écran*.

L'appareil de projections fixes n'est pas autre chose qu'une lanterne magique : il en contient tous les organes, avec cette seule différence que le mécanisme en est plus précis, les éléments optiques plus parfaits et l'éclairage plus puissant. Le nom de lanterne magique est actuellement réservé à des instruments rudimentaires, à des jouets d'enfants.

Marche des rayons lumineux. — La figure 1 reproduit schématiquement les organes essentiels de l'appareil de projection et montre la marche que suivent les rayons lumineux pour amplifier l'image à projeter.

La source de lumière L est placée au foyer d'une grande lentille ou *condensateur* C, qui en concentre les rayons sur l'image transparente *ab*. L'objectif O reproduit cette image sur l'écran AB, avec une amplification qui dépend des positions relatives du système optique, de la petite image et de l'écran. Plus l'écran est éloigné de l'objectif, plus l'image est agrandie ; mais, pour avoir une image nette, à mesure que l'objectif s'éloigne de l'écran, il faut le rapprocher de la petite image : il faut donc, en projection comme en photographie, *mettre au point*.

On voit que, par suite du croisement des rayons lumineux, l'image AB est la reproduction renversée de *ab*. Pour avoir sur l'écran une image redressée, il est donc nécessaire de placer la petite image de haut en bas.

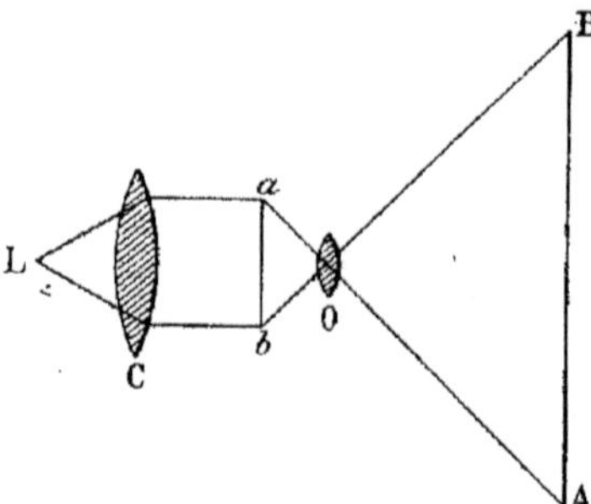

Fig. 1. — Principe des projections.

Pour que l'image projetée soit uniformément éclairée, il faut également régler la position de la source de lumière par rapport au condensateur. Le point L doit se trouver placé au *foyer principal* du condensateur : on reconnaît qu'il occupe bien la position voulue quand le faisceau lumineux qui sort de la lentille a la forme d'un cylindre, et non pas celle d'un cône. Le foyer étant réduit, théoriquement, à un point sans dimensions appréciables, la meilleure source de lumière sera celle qui se rapprochera le plus de cette condition, c'est-à-dire celle qui fournira le plus de lumière sous les dimensions les plus réduites.

A ce point de vue, rien ne vaut l'arc électrique, et c'est pourquoi ce mode d'éclairage devra être préféré à tout autre, chaque fois qu'on le pourra. A défaut, on aura recours à l'un des modes d'éclairage à combustion intensive qui seront décrits au chapitre IV.

A l'origine, la lanterne magique n'était éclairée que par une lampe à huile. Actuellement, pour les projections fixes à faible amplification, on se contente encore parfois d'une lampe à pétrole à plusieurs mèches. Ce mode d'éclairage est tout à fait insuffisant en cinématographie, car les images du film sont beaucoup plus petites. Les dimensions normales des diapositifs pour projections fixes sont $0^m,10 \times 0^m,085$, tandis que chaque image de film cinématographique ne mesure que $0^m,024 \times 0^m,018$, en sorte que pour une même dimension d'image sur l'écran, il faut, dans le second cas, une amplification beaucoup plus forte que dans le premier, et par suite une perte de lumière beaucoup plus grande, car ce que l'on gagne en agrandissement, on le perd en intensité lumineuse.

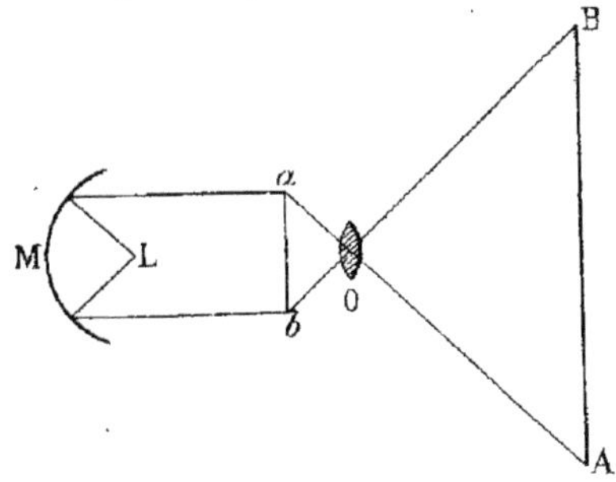

Fig. 2. — Schéma d'un appareil de projection avec condensateur à miroir.

Certains modes d'éclairage permettent de simplifier l'appareil de projection, en condensant les rayons lumineux au moyen d'un réflecteur concave placé derrière la source de lumière. La figure 2 indique quelle est, dans ce cas, la marche suivie par les rayons lumineux. La source de lumière L est disposée au foyer principal du miroir parabolique M, qui les renvoie sur l'image ab, reproduite par l'objectif O sur l'écran AB.

Projection d'images opaques. — Jusqu'à présent les films cinématographiques ont toujours été constitués par des séries de diapositifs que l'on éclaire par transparence. Nous n'aurions donc rien à dire ici de la projection des images opaques, s'il n'avait pas été question de tirer des épreuves cinématographiques sur papier.

Le celluloïd a le double inconvénient de coûter cher et de s'enflammer très facilement. C'est pourquoi M. Fulton a fait breveter un procédé de projections animées sur papier au gélatino-bromure d'argent. A éclairage égal, la lumière réfléchie par une image opaque est toujours plus faible que la lumière transmise par une image transparente. Pour compenser cette perte de lumière, M. Fulton augmente la dimension des images et double l'intensité de l'éclairage. Chaque image mesure $0^m,10 \times 0^m,075$, ce qui diminue l'agrandissement nécessaire pour arriver à une dimension dé terminée de l'image sur l'écran. Cette diminution d'agrandissement a, de plus, l'avantage de rendre moins apparent le grain du papier.

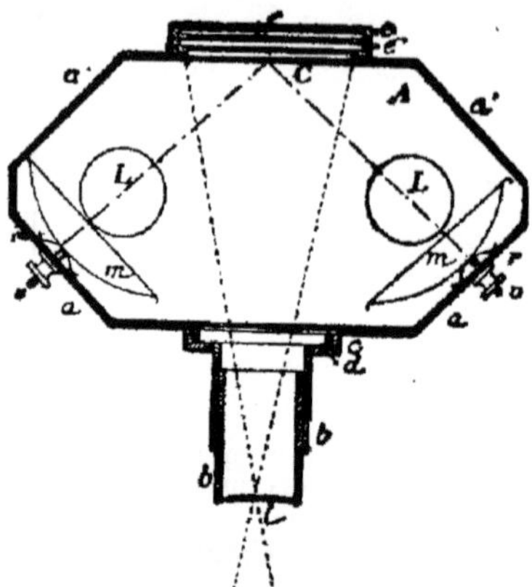

Fig. 3. — Coupe de l'appareil pour la projection des films opaques.

Le film C (*fig.* 3) est éclairé de chaque côté par des lampes à arc L très puissantes, dont les rayons sont concentrés sur l'image par des miroirs concaves *m*. Le grand champ de l'image diminue la chaleur, et le film, fait de papier ininflammable, permet l'arrêt sans danger d'incendie au cours d'une démonstration. Si cette invention entrait dans le domaine pratique, elle pourrait apporter de notables modifications aux appareils actuels et contribuer à vulgariser l'emploi du cinématographe dans l'enseignement.

Organes des projections animées. — Un poste cinématographique se compose, en principe, d'une lanterne de projections dont le cadre passe-vues est remplacé par un mécanisme dérouleur. Ce mécanisme, analogue à celui qui sert à la prise des vues cinématographiques, est combiné de manière à entraîner le film par saccades et à ne laisser voir chaque image qu'au moment où la bande est immobilisée.

Nous aurons donc à examiner successivement le matériel de projection proprement dit, c'est-à-dire la lanterne et le système optique, ainsi que les sources de lumière, puis le mécanisme d'entraînement.

CHAPITRE II

APPAREILS DE PROJECTION

Lanterne. — La lanterne de projection consiste en une caisse
de tôle noircie destinée à contenir la source de lumière. Elle est

Fig. 4. — Appareil de projection.

surmontée d'une cheminée pour la sortie de l'air chaud ou des produits de la combustion.

Le chapeau de la cheminée est à *chicanes*, c'est-à-dire que les gaz
en sortent après avoir parcouru une direction deux fois intervertie
dans des tuyaux concentriques à parois noircies. Cette déviation a
pour but d'éviter les reflets de lumière qui, sans ce dispositif,

viendraient éclairer le plafond ou les murs de la salle, et nuiraient ainsi à l'éclat des projections.

La paroi antérieure de la lanterne est percée d'une ouverture ronde dans laquelle est encastrée une bague où se fixe le condensateur. Deux crochets reçoivent un large tube contenant une cuve à eau.

Une ouverture est pratiquée à l'arrière, pour le réglage de la lampe. Des portes s'ouvrent, sur les parois latérales, pour faciliter l'entretien du foyer lumineux, le changement des charbons d'arc, etc. Au milieu de chaque porte, une petite lucarne à verre de couleur très foncée permet de surveiller la lumière

Fig. 5. — Lanterne.

Fig. 6. — Appareil double pour projections fixes et animées.

sans en être ébloui et sans gêner les spectateurs (*fig.* 4 et 5).

A l'intérieur de la caisse, des coulisses servent à déplacer la source lumineuse. Certaines lanternes sont, en outre, montées sur des coulisses extérieures, qui en facilitent le déplacement latéral : cette disposition est utilisée dans les séances où les projections animées alternent avec des projections fixes. Dans ce cas, on juxtapose sur une table un objectif devant un passe-vues pour la projection fixe, et un autre objectif devant le mécanisme de déroulement cinématographique. La lanterne est posée sur la même table et peut être amenée, à volonté, devant l'un ou l'autre projecteur (*fig*. 6).

Les dimensions de la lanterne doivent être proportionnées à l'intensité de la source lumineuse utilisée. Les lanternes de petit modèle suffisent pour l'éclairage oxhydrique et pour les arcs absorbant moins de 50 ampères. Au delà de cette intensité, il faut recourir à de plus grandes lanternes dans lesquelles la forte chaleur dégagée par le foyer est atténuée par un système spécial de ventilation.

Condensateur. — La source de lumière est placée au foyer principal du condensateur, dont le rôle est de donner à tous les

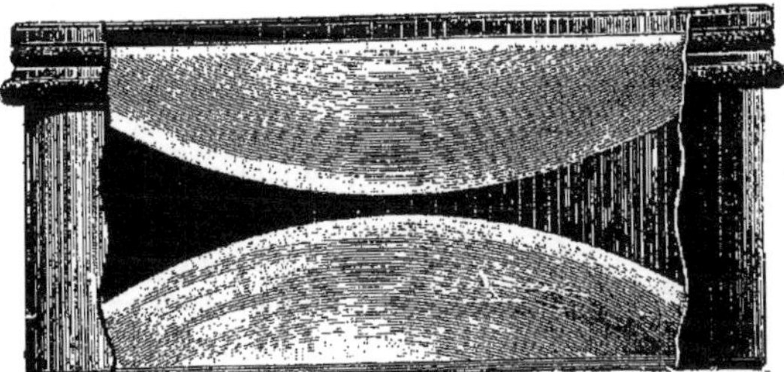

Fig. 7. — Condensateur (coupe).

rayons émis une direction parallèle à l'axe optique. Le condensateur n'est constitué par une lentille convexe simple que dans les appareils de très faible puissance. Presque toujours il est composé de deux lentilles plan-convexes (*fig*. 7), montées dans le même barillet. Cette combinaison diminue l'aberration de sphéricité. Les deux verres sont séparés par une bague, avec un certain jeu pour la dilatation. Des trous sont percés dans la monture pour le passage de l'air échauffé (*fig. 8*). Malgré ces précautions, la chaleur fait souvent briser les lentilles.

Les risques de rupture sont très atténués dans les condensateurs dont les verres sont retenus par des griffes élastiques

FIG. 8. — Condensateur (vue extérieure).

entre lesquelles de larges espaces vides facilitent la circulation de l'air.

Le diamètre des lentilles varie de 11 à 15 centimètres, suivant l'éclat que l'on veut donner aux projections et l'amplification que l'on se propose d'obtenir.

Les lentilles contiennent souvent de petites bulles d'air restées

FIG. 9. — Condensateur à miroir.

emprisonnées au moment où le verre a été coulé. La forme même du condensateur tend à en exagérer les dimensions, comme le ferait une loupe. En réalité, ces bulles sont généralement très petites et n'ont que peu d'inconvénient, surtout celles qui sont dans la lentille postérieure. Ce n'est que lorsqu'elles sont trop près du film qu'on peut les apercevoir sur l'écran.

On s'est d'abord servi presque exclusivement, pour la construction des condensateurs, d'un verre légèrement coloré en vert, dont la teinte a forcément une influence nuisible sur la clarté des projections. On revient, depuis quelque temps, à l'emploi d'un verre presque blanc, d'ailleurs plus solide que les anciens verres. On n'est pas encore parvenu à en éliminer complètement les bulles ; mais, malgré ce léger défaut, on peut l'employer en toute confiance, en raison de la puissance des lentilles obtenues.

Lorsqu'on n'utilise qu'un faible éclairage et une amplification restreinte, on peut remplacer les lentilles par un miroir concave placé derrière le foyer lumineux (*fig.* 9). Ce miroir est généralement en verre argenté pour les très faibles intensités, et en métal poli quand la lumière est un peu plus vive.

Cuve à eau. — La chaleur que concentre sur le film un condensateur placé devant une lampe à arc ou même devant une flamme à combustion dans l'oxygène suffit pour enflammer rapidement le celluloïd. Il est donc nécessaire d'interposer un écran qui absorbe au moins une partie des radiations calorifiques, sans diminuer sensiblement la lumière. Cet effet est réalisé par une couche d'eau contenue dans une cuve en verre à faces parallèles. La figure 10 représente la disposition la plus usitée. La cuve est enfermée dans un cylindre en métal qui s'accroche à la lanterne par deux oreilles. L'épaisseur du liquide que doivent traverser les radiations transmises par le condensateur est de 6 à 8 centimètres.

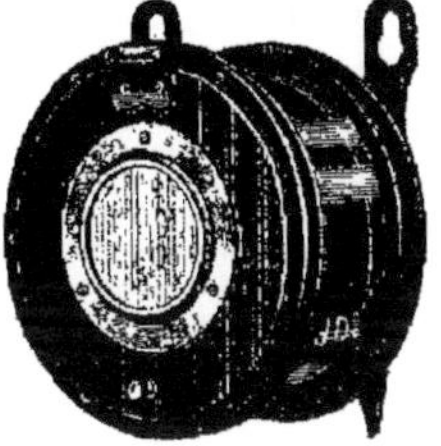

FIG. 10. — Cuve à eau.

La chaleur ainsi interceptée n'est pas perdue : elle élève progressivement la température de l'eau, qui finit par être portée à l'ébullition. Elle ne donne plus alors qu'une protection moins efficace et, si le déroulement du film vient à être arrêté, le celluloïd risque de s'enflammer. Aussi est-il utile, dans les longues séances, de relier la cuve à une canalisation qui assure le renouvellement de l'eau. De plus, en cas d'arrêt du film, il sera prudent d'interposer immédiatement un verre dépoli qui diffusera suffisamment les radiations pour empêcher l'inflammation. Nous verrons, d'ailleurs, en décrivant les appareils de déroulement, d'autres dispositifs de sécurité.

On a proposé de remplacer l'eau pure par une solution d'alun, dans le but d'absorber plus complètement la chaleur. Il est vrai que l'alun cristallisé absorbe bien les radiations calorifiques ; mais une solution de ce sel ne les absorbe pas plus qu'une couche d'eau pure. On obtiendrait de meilleurs résultats avec le sulfate de fer ammoniacal, dont la solution aqueuse, placée dans une cuve en verre de 3 centimètres d'épaisseur, absorbe environ 95 0/0 des radiations calorifiques et transmet néanmoins 75 0/0 des rayons lumineux. Malheureusement, la couleur du liquide est un inconvénient prohibitif dans la plupart des cas.

Quelques gouttes d'acide acétique empêchent la formation de

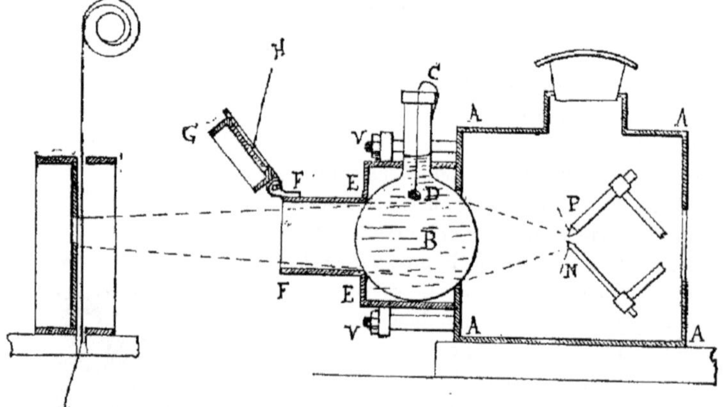

FIG. 11. — Condensateur à ballon.

bulles d'air sur les parois du verre. On peut aussi les chasser avec un pinceau doux, bien propre, à long manche.

Dans l'appareil de projection de MM. Lumière, le condensateur et la cuve à eau ne font qu'un. Les lentilles et le récipient à faces parallèles sont remplacés par un ballon de verre B (*fig.* 11) parfaitement sphérique, surmonté d'un goulot cylindrique. La sphère, une fois pleine d'eau, forme un système optique convergent, dont le foyer principal coïncide avec l'arc électrique qui jaillit entre les charbons P et N, et la lumière ainsi transmise est même plus blanche qu'avec les condensateurs de verre dont l'épaisseur interposée détermine ordinairement une coloration verte plus ou moins prononcée.

Le ballon est enfermé dans un cylindre E fixé à la lanterne A par des écrous V. Un tube F porte un couvercle à charnière G dont le fond H est constitué par une glace dépolie.

Après trente ou quarante minutes de fonctionnement de la lampe, l'eau contenue dans le ballon entre en ébullition. Pour éviter la projection d'eau bouillante, il suffit d'y plonger un petit morceau de coke D, suspendu à l'extrémité d'un fil métallique C. L'ébullition s'opère ainsi avec la plus grande régularité.

Si le ballon doit être enlevé pour une cause quelconque ou s'il se casse, si l'eau s'écoule ou se vaporise, la condensation des radiations n'a plus lieu, et il n'y a plus à redouter aucun échauffement. Il est ainsi impossible de commettre des maladresses dangereuses, la concentration du faisceau lumineux étant produite par le corps même qui absorbe les rayons calorifiques.

Objectif. — Une simple lentille de verre ne suffit pas, pour projeter sur l'écran des images correctes. Pour éviter la déformation des lignes, les contours épaissis et irisés, il faut associer, dans une monture soigneusement construite, des verres différents dont les courbures et les positions respectives auront été exactement déterminées par le calcul.

Cependant, l'objectif de projection n'exige pas autant de perfection que l'instrument qui sert à la prise des vues. La profondeur de champ, notamment, est ici inutile, puisqu'il s'agit de reproduire l'image d'une surface plane, et il suffit que l'achromatisme soit réalisé pour les radiations visibles. La seule condition essentielle est une grande luminosité, et la combinaison inventée par Petzval en 1841 la réalise parfaitement : c'est l'ancien objectif à portraits, et la fabrication n'en est

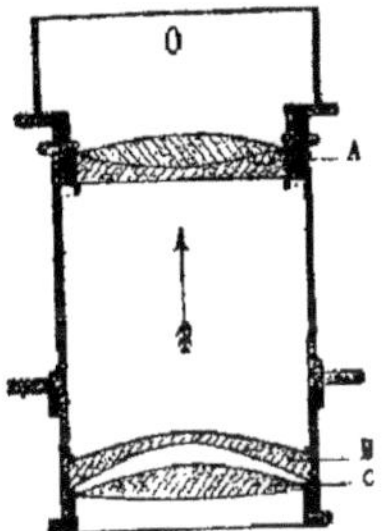

Fig. 12. — Position des lentilles dans leur monture.

pas coûteuse. Cet instrument (*fig.* 12) se compose : 1° d'un système convergent A formé d'une lentille biconvexe et d'une lentille plan-concave collées ensemble ; 2° d'un ménisque concave B et d'une lentille biconvexe C séparés par un faible intervalle. Ces deux couples sont montés aux extrémités d'un tube O, les deux lentilles collées faisant face à l'écran.

La monture diffère de celles qu'on emploie en photographie. La dimension de l'image, pour une distance déterminée de l'appareil à l'écran, dépendant de la longueur focale de l'objectif, il est nécessaire de changer l'instrument, suivant les dimensions de la salle de projection et suivant l'amplification qu'il s'agit d'obtenir. Afin d'éviter la dépense qu'entraînerait l'achat de plusieurs objectifs

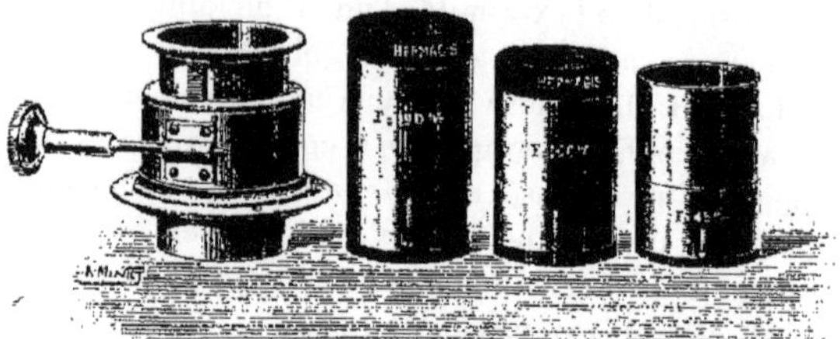

Fig. 13. — Objectifs pour projections animées.

complets, les lentilles sont serties dans des tubes simples, tous de même diamètre et s'adaptant à la monture (*fig.* 13).

Le diamètre extérieur des tubes (*fig.* 14) est de 0^m,0125. Tous les opticiens ayant adopté cette dimension, tous les tubes et toutes les montures sont interchangeables, quelle qu'en soit la provenance.

Fig. 14. — Tube d'objectif (grandeur réelle).   Fig. 15. — Monture universelle.

La monture de l'objectif (*fig.* 15) est munie d'une crémaillère que l'on déplace à l'aide d'un bouton extérieur, pour le réglage de la mise au point.

Le tableau suivant indique les grandeurs d'images projetées,
suivant les foyers employés et le recul dont on dispose.

FOYER de l'objectif	DISTANCES					
	3 mètres	5 mètres	10 mètres	15 mètres	20 mètres	25 mètres
mm.						
40	1,35 × 1,75	2,25 × 2,95	4,50 × 6, »	6,75 × 9. »	9, » × 12, »	11,25 × 14,95
45	1,15 × 1,55	2, » × 2,65	4, » × 5,30	6, 0 × 7,95	7,95 × 10,65	9,95 × 13,30
50	1,05 × 1,40	1,80 × 2,35	3,40 × 4,55	5,40 × 7,20	7 20 × 9,55	9. » × 12, »
55	1, » × 1,35	1,60 × 2,15	3,25 × 4,35	4,90 × 6.50	6,55 × 8,70	8,15 × 10,90
60	»,90 × 1,15	1,45 × 1,95	3, » × 4, »	4,50 × 6, »	5,95 × 8. »	7,50 × 10, »
70	»,75 × 1, »	1,30 × 1,70	2,55 × 3,40	3,85 × 5,10	5,10 × 6.80	6,40 × 8,55
80	»,65 × ».85	1,10 × 1,45	2,25 × 3. »	3,35 × 4,45	4,50 × 6. »	5,60 × 7,45
90	»,55 × »,75	1, » × 1,30	2, » × 2,65	3, » × 4, »	4, » × 5,30	4,95 × 6,65
100	»,50 × »,70	»,90 × 1,15	1,80 × 2,35	2.70 × 3,55	3,60 × 4.75	4,50 × 6, »
110	»,15 × ».60	»,80 × 1,05	1,60 × 2,10	2,45 × 3.25	3,25 × 4.35	4,05 × 5,40
120	»,40 × »,35	»,75 × 0,95	1,45 × 1,95	2,25 × 2,95	3, » × 4, »	3,70 × 4.95

Il existe des combinaisons optiques qui permettent de faire varier
la dimension des projections sans modifier le recul, ou d'avoir des
images de mêmes dimensions avec des reculs différents. Tel est le
multifocal, construit sur le principe du téléobjectif et composé
comme lui d'un élément positif (objectif de Petzval) accouplé à un
élément négatif (lentille achromatique divergente). En faisant varier
la distance entre ces deux éléments, au moyen d'une crémaillère, le
foyer se modifie en raison inverse de l'écartement. Au plus grand
écartement correspond le foyer le plus court, et par conséquent le
grossissement le plus fort. L'élément négatif est d'ailleurs déta-
chable. L'élément positif employé seul donne des images cinématographiques de 1ᵐ,65, à 5 mètres de l'écran. En y ajoutant la lentille divergente, les dimensions de l'image, à la même distance,
peuvent varier de 78 centimètres à 1ᵐ,45.

Entretien de l'optique de projection. — Pour avoir à la projection des images nettes et bien éclairées, il ne suffit pas de pos-
séder un objectif de bonne fabrication et un excellent condensateur :
les lentilles et leur monture doivent être maniées avec précaution,
tenues autant que possible à l'abri de la poussière et de l'humidité.
Il faut les nettoyer de temps à autre, mais il importe de le faire avec
soin. On évitera de frotter les verres avec le linge huileux employé

au nettoyage du mécanisme dérouleur. La peau de chamois ne vaut rien non plus, car elle risque de rayer les lentilles. Le mieux est de se servir d'un linge très fin et très doux, un vieux mouchoir par exemple, très légèrement imbibé d'alcool ou de benzine pure. Les opticiens défendent d'employer ces liquides, parce qu'un excès risque de provoquer le décollement des lentilles par la dissolution du baume de Canada. Cependant c'est le moyen le plus sûr d'enlever les taches grasses laissées sur les verres par le contact des doigts et dont les moindres traces altèrent la netteté des images. Du reste, dans l'optique du projecteur, il n'y a que la lentille antérieure de l'objectif qui soit composée de deux verres collés ensemble ; les lentilles postérieures ainsi que celles du condensateur sont toutes indépendantes. Il suffira donc d'éviter avec soin tout excès de liquide dans l'essuyage de l'élément frontal.

Il suffit d'ordinaire de nettoyer la surface extérieure des verres du condensateur et de l'objectif. Pourtant il est nécessaire de nettoyer aussi, de temps en temps, les surfaces intérieures. Il faut donc dévisser les barillets qui contiennent les lentilles et les revisser, après le nettoyage, exactement dans leur position primitive. On remarquera que l'objectif de Petzval n'est pas symétrique : si on le remontait à rebours, il ne donnerait plus que des images défectueuses. Pour ne pas se tromper, le mieux est de ne dévisser qu'un barillet à la fois et de le revisser, après nettoyage, avant de dévisser le barillet opposé.

La surface du condensateur placée à proximité d'une lampe à arc se ternit, à la longue. Si les méthodes habituelles de nettoyage ne suffisent pas à lui rendre sa transparence primitive, il faut faire repolir la lentille par un opticien.

Supports. — L'appareil de projection doit être monté sur un support solide, car le plus faible déplacement de la petite image se trouve exagéré sur l'écran, et les moindres trépidations du film se traduisent par des mouvements d'oscillation de grande amplitude.

La figure 16 représente une table très solide, en fonte. Deux vis à volants permettent d'incliner à volonté le support du projecteur, de telle sorte que le plan des petites images soit exactement parallèle au plan de l'écran ; si cette condition essentielle n'était pas observée, on n'aurait que des images déformées. Un panneau vertical, dans lequel sont percés deux orifices circulaires, reçoit d'un côté

Fig. 16. — Table démontable en fonte.

le passe-vues et le cône porte-objectif des projections fixes, et, de l'autre côté, le mécanisme d'entraînement cinématographique ainsi que l'objectif destiné aux projections animées. La lanterne est mobile dans le sens latéral, comme on l'a vu plus haut (*fig.* 6), de façon à pouvoir être amenée en face de l'un ou l'autre des deux orifices.

Le dessin suivant met sous les yeux du lecteur une table en bois qui présente à peu près les mêmes dispositions que la précédente.

Fig. 17. — Table démontable en bois.

L'inclinaison est ici réalisée par le déplacement des rallonges qui coulissent aux extrémités des quatre montants verticaux.

Ces deux tables sont assemblées au moyen d'écrous à oreilles et se démontent facilement pour le transport.

CHAPITRE III

LUMIÈRE ÉLECTRIQUE

Arc électrique. — Quand deux conducteurs reliés aux pôles d'une source d'électricité à très haute tension ne sont séparés l'un de l'autre que par un très faible intervalle, l'étincelle le franchit, et la décharge éclate avec un crépitement plus ou moins bruyant. Si, au contraire, la tension est très faible, si elle est inférieure à une quarantaine de volts, on peut amener les conducteurs au contact et les séparer ensuite, sans qu'aucun phénomène lumineux se produise : le courant cesse simplement de passer aussitôt que le circuit est ouvert. Enfin, si la tension est voisine de 43 volts, tant que les conducteurs n'ont pas été amenés en contact, le courant ne passe pas : fussent-ils séparés seulement par un intervalle de 1/100 de millimètre, il n'y aurait point d'étincelle. Mais si, après les avoir amenés au contact, on les écarte l'un de l'autre de 2 ou 3 millimètres, alors une lumière éblouissante jaillit : c'est l'*arc* électrique.

L'aspect, la couleur et certains caractères de cette lumière diffèrent, suivant la nature des conducteurs entre lesquels elle prend naissance.

Chaque métal donne lieu à des effets particuliers dont il est inutile de s'occuper ici, le seul arc utilisé en pratique étant celui qui jaillit entre deux baguettes de charbon.

Le nom d'*arc* a pour origine une circonstance très secondaire. Lorsque Davy découvrit, en 1813, ce nouveau mode d'éclairage, il avait disposé deux crayons de charbon de bois horizontalement, dans le prolongement l'un de l'autre. Dans ces conditions, l'échauffement de l'air et du gaz carbonique dégagé entre les électrodes déterminait un mouvement ascendant qui avait pour effet de courber la flamme en forme d'arc. Actuellement, cette disposition n'est presque jamais utilisée : dans la plupart des cas, les deux charbons sont disposés verticalement, obliquement ou à angle droit l'un par rapport à l'autre, et ces positions se prêtent rarement à l'incurvation de la flamme. Quoi qu'il en soit, la dénomination primitive est restée consacrée par l'usage.

Les caractères, le rendement et le mode d'utilisation de l'arc diffèrent, suivant qu'il est alimenté par un courant continu, c'est-à-dire toujours de même sens, ou par un courant alternatif, c'est-à-dire périodiquement interverti, de telle sorte que le pôle positif devienne pôle négatif, et réciproquement, plusieurs fois par seconde.

Arc sur courant continu. — Quand l'arc est alimenté par un courant continu, sous une tension d'environ 45 volts, au moment où les deux charbons s'écartent l'un de l'autre, la lumière apparaît d'abord sur le charbon négatif ; puis le charbon positif s'échauffe davantage, et c'est lui qui présente ensuite le plus d'éclat.

La lumière est répartie de la façon suivante :

> 85 0/0 sur le charbon positif ;
> 10 0/0 sur le charbon négatif ;
> 5 0/0 dans la flamme intermédiaire.

Il suit de là que les charbons doivent être disposés de manière à utiliser le plus possible les radiations émises par l'électrode positive.

En particulier, pour la projection, les charbons sont placés obliquement, soit dans le prolongement l'un de l'autre, soit en formant un angle obtus ou un angle droit, le charbon positif se trouvant en arrière, afin que la lumière qu'il émet soit dirigée vers le condensateur.

Le charbon positif se creuse en forme de cratère et s'use deux fois plus vite que le charbon négatif, qui reste toujours terminé en pointe (*fig.* 18). En pratique, on fait usage de charbons positifs deux fois plus gros que les charbons négatifs, de façon à en user des longueurs à peu près égales et surtout afin de mieux utiliser la lumière émise : en effet, le cratère positif forme une sorte de réflecteur,

et le diamètre plus faible du charbon négatif diminue l'ombre
portée.

Comme l'arc a une tendance à tourner autour des charbons, on
le rend plus stable en employant des charbons positifs à *âme* (on
dit aussi *à mèche*) : l'enveloppe extérieure en est dure et compacte,
tandis que la mèche centrale est une poudre friable, plus facilement combustible, qui assure la formation d'un cratère bien ac-
cusé et maintient l'arc exactement au
milieu du charbon.

L'arc sur courant continu est absolument silencieux quand les charbons sont suffisamment rapprochés,
mais sans excès. Comme ils s'usent
peu à peu, la distance qui les sépare

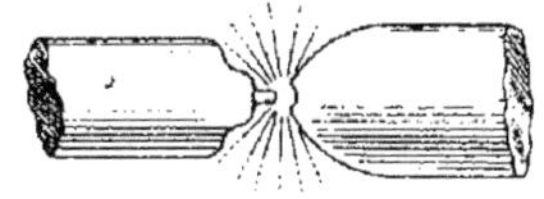

Fig. 18.
Arc sur courant continu.

augmente, et l'arc se met à siffler. Il faut alors, ou rapprocher les
charbons ou augmenter la tension, sans quoi l'arc ne tarde pas à
s'éteindre. En pratique, pour avoir une lumière toujours égale, on
maintient les charbons à la même distance, en les rapprochant à
mesure qu'ils s'usent, de façon que la tension reste constante.

L'éclat de la lumière dépend de l'intensité du courant électrique.
Avec 10 ou 12 ampères, l'éclairage dépasse déjà celui de 1.000 bougies. Cependant, en cinématographie, on utilise généralement des
intensités supérieures, au moins 15 ampères et souvent bien davantage, car les images cinématographiques sont très petites relativement à la surface de l'écran à couvrir, et la perte de lumière est
proportionnelle à l'amplification en surface. On doit donc propor-
tionner l'intensité du courant aux dimensions de la projection,
comme le montre le tableau suivant, établi pour un écran blanc ordinaire.

Largeur de l'écran, en mètres.........	2.	3	4	5
Intensité, en ampères................	16	30	60	100

La tension aux bornes de l'arc ne doit pas s'écarter sensiblement
de 45 volts; mais, pour assurer à la lumière une régularité suffisante, il faut disposer d'environ 65 à 70 volts, la différence, soit 20
à 25 volts, étant absorbée dans une résistance qui sert, en quelque

sorte, de *volant*. On intercale donc, dans le circuit de l'arc, un *rhéostat*, qui permet de régler le débit en introduisant une résistance variable. Un commutateur permet d'intercaler dans le circuit des longueurs variables de fil en maillechort ou en tout autre alliage suffisamment résistant au passage de l'électricité. Ce rhéostat doit être placé près de la lanterne de projection, à portée

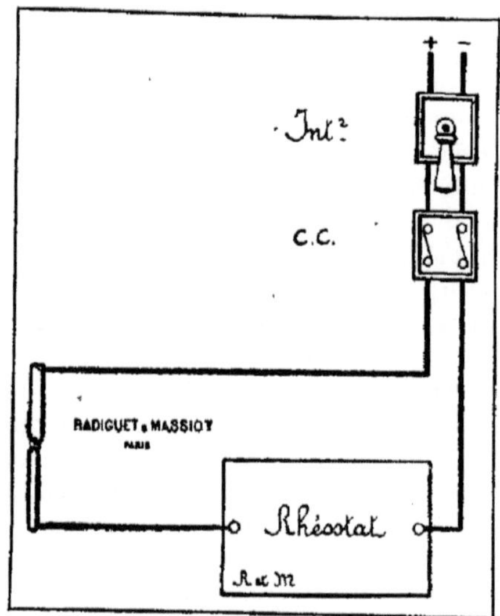

Fig. 19. — Schéma de l'installation d'une lampe à arc.

de la main de l'opérateur, afin de remédier promptement à une brusque variation de voltage dans la canalisation électrique.

La figure 19 montre de quelle façon les connexions doivent être établies.

Un interrupteur à manette sert à fermer le circuit, pour allumer la lampe ; un double coupe-circuit, formé d'un fil de métal facilement fusible, prévient les accidents qui pourraient résulter d'un débit excessif et notamment d'un court-circuit susceptible de brûler la canalisation et de provoquer un incendie. Enfin, l'un des conducteurs est coupé et chacun des bouts est adapté à l'une des bornes du rhéostat, de manière à intercaler la résistance dans le circuit.

Le fil positif est relié au gros charbon supérieur, et le fil négatif au petit charbon disposé en dessous.

Les dimensions des fils du rhéostat devront être proportionnées au débit normal de la lampe, car, s'ils étaient trop fins, ils subiraient un échauffement anormal et risqueraient même d'être portés au rouge et de fondre. Du reste, quelle que soit la section du conducteur, il s'échauffe *toujours*, car l'énergie absorbée dans le rhéostat n'est pas anéantie et se transforme simplement en chaleur; il sera donc prudent de tenir éloigné des fils de résistance tout objet facilement inflammable, et notamment les films.

Arc sur courant alternatif. — Quand le sens du courant est interverti plusieurs fois par seconde, l'arc fait entendre un bourdonnement dont l'acuité varie suivant la fréquence des alternances. Le cratère ne se forme pas, les charbons s'usent tous deux de la même manière et d'une égale quantité.

A égale intensité de débit électrique, le courant alternatif fournit un éclairage moindre que le courant continu, dans la proportion de 2 à 3. Le premier est donc sensiblement moins économique que le second ; de

FIG. 20. — Bobine de self.

plus, il donne un arc bruyant, généralement reconnu impropre à la projection. Si l'on est forcé de l'utiliser tel quel, on emploiera deux charbons à âme et de diamètres égaux. Le rhéostat de réglage sera remplacé par une bobine de *self-induction* (*fig.* **20**), qui assurera une marche beaucoup plus uniforme et plus silencieuse qu'une résistance ordinaire.

Même en substituant au rhéostat une bobine de self-induction, l'arc sur courant alternatif manque de fixité et a une tendance à tourner autour des charbons. On peut y remédier en plaçant entre les deux extrémités actives des charbons une gaine demi-circulaire (*fig.* **21**) en chaux très réfractaire, du côté opposé au condensateur. Cette gaine s'oppose au mouvement giratoire de la flamme et, comme elle devient immédiatement incandescente, elle forme réflecteur. La taille des charbons prend alors un aspect tout particulier, favorable à une bonne répartition de la lumière.

Un autre moyen de stabiliser l'arc est d'intercaler dans le circuit un *souffleur* électro-magnétique (*fig.* 22), qui pousse la flamme dans une direction déterminée. Le courant parcourt un électro-aimant dont les pôles sont disposés derrière l'arc, et les connexions sont établies de telle sorte que le flux magnétique exerce une répulsion sur le circuit dont la flamme fait partie. L'électro-aimant est mobile sur une tige horizontale, afin que les pôles magnétiques puissent être plus ou moins rapprochés de l'arc, suivant l'intensité du courant, de manière à exercer sur la flamme une répulsion suffisante, sans cependant l'éteindre.

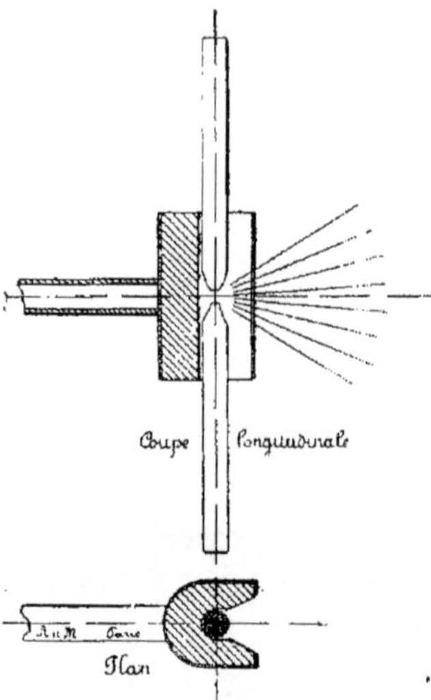

Fig. 21. — Gaine demi-circulaire.

D'autres expédients ont été préconisés pour améliorer la tenue et la fixité de l'arc alternatif. Jusqu'à présent, aucun n'arrive à lui donner l'éclat, la vigueur et la fixité de l'arc sur courant continu, surtout pour les grandes intensités. Aussi la meilleure combinaison est-elle de transformer le courant alternatif en courant continu.

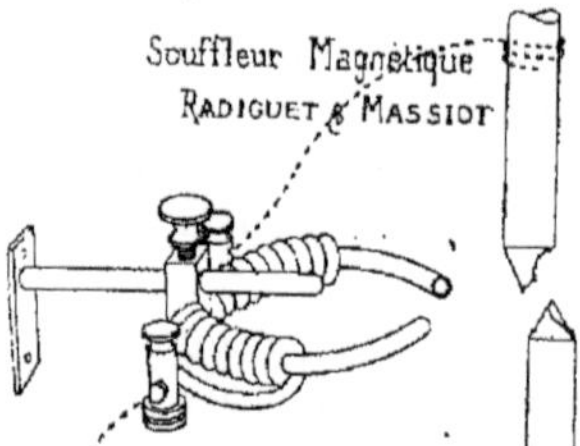

Fig. 22. — Souffleur magnétique.

Transformateurs. — Lorsqu'il s'agit seulement de modifier la tension d'un courant alternatif, on se sert de transformateurs statiques, composés de deux bobines, montées sur le même noyau de fer doux : l'une des bobines, formée d'un fil long et fin, est intercalée dans le circuit de haute tension ; l'autre, formée d'un conducteur court et épais, fait partie du circuit de basse tension. Cet appareil, très simple et peu coûteux, fonctionne avec une parfaite régularité, n'exige aucune surveillance et n'occasionne qu'une très faible perte d'énergie, mais il ne transforme que la tension du courant, et n'en modifie pas les alternances. Pour changer un courant alternatif en courant continu, il faut avoir recours soit à un transformateur électrolytique, soit à un transformateur rotatif.

Le transformateur de M. O. de Faria est fondé sur un principe découvert en 1857 par le chimiste allemand Buff. Si l'on intercale dans un circuit électrique une cuve contenant une solution de phosphate de soude, et si les électrodes sont l'une en aluminium et l'autre en plomb, le courant ne passe que lorsque le plomb est relié au pôle positif et l'aluminium au pôle négatif. Il suit de là qu'un courant alternatif ne traversera l'élec-

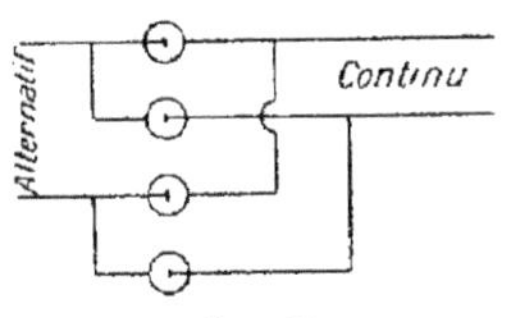

Fig. 23.
Soupape électrolytique.

trolyte qu'au moment où sa direction sera dans le sens voulu par les connexions. Une alternance sur deux sera utilisée. Cette soupape électrolytique transforme donc un courant alternatif en un courant intermittent, mais toujours de même sens. On peut d'ailleurs obtenir un courant continu en groupant quatre soupapes comme l'indique la figure 23.

Le rendement de ce transformateur est d'environ 70 à 80 0/0, au début de son fonctionnement. À mesure que le liquide s'échauffe, sous l'action du courant, le rendement diminue.

Le convertisseur Cooper-Hewitt est un tube de verre d'où l'air a été chassé et qui ne contient que de la vapeur de mercure. Deux fils de platine traversant les parois et aboutissant, à l'intérieur, l'un à une tige de graphite, l'autre à une cavité contenant du mercure, permettent d'obtenir une lumière violacée très vive, à la condition que la tige de graphite soit reliée au pôle positif d'une source d'électricité à la tension d'environ 100 volts, et que le mercure communique avec le pôle négatif. Mais, si les connexions sont interverties, le courant ne peut plus passer, et la lampe à vapeurs de mercure ne fonctionne plus. On peut donc combiner sur ce principe une soupape analogue à la précédente, seulement il n'est pas possible de grouper quatre lampes, comme dans le cas de la soupape électrolytique, parce qu'à chaque alternance elles s'éteindraient et ne se rallumeraient pas (l'allumage de la lampe à mercure exige, en effet, un amorçage soit par une étincelle à haute tension, soit par la fermeture du circuit obtenue en inclinant le tube de manière à faire couler le mercure). Il a donc fallu imaginer une autre combinaison, dont la figure 24 indique le principe.

Le courant alternatif est reçu dans l'une des bobines d'un transformateur statique T. Quant à l'autre bobine du même transformateur, les deux extrémités du conducteur qui y est enroulé sont

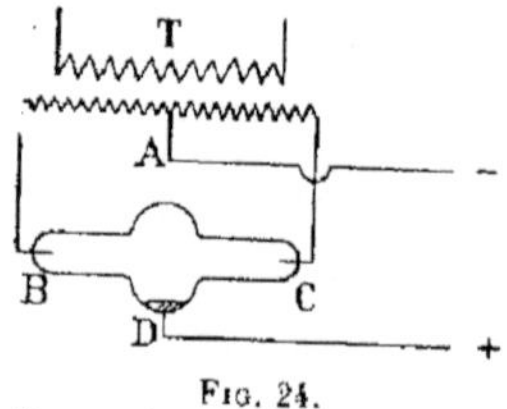

Fig. 24.
Convertisseur Cooper-Hewitt.

reliées à deux tiges de graphite B et C placées dans une lampe à vapeurs de mercure de forme spéciale. Le mercure contenu dans cette lampe est relié à l'un des fils du circuit d'utilisation. L'autre fil de ce dernier circuit est soudé au milieu de la longueur du fil A du transformateur statique. Suivant le sens du courant induit, l'électricité pénètre dans la lampe par l'anode B ou par l'anode C et en sort toujours par la cathode D, qui sert ainsi de pôle positif, dans le circuit d'utilisation. Le courant va de là dans la lampe à arc ou dans les autres appareils à alimenter et revient en A : le circuit est alors fermé par le passage du courant, soit de A en B, soit de A en C.

Le transformateur rotatif est constitué par la combinaison d'un moteur à courant alternatif et d'une dynamo à courant continu.

Ces deux appareils sont tantôt distincts, tantôt réunis sur le même axe.

La figure 25 représente un moteur à courant alternatif triphasé dont l'arbre est relié, par un manchon élastique, à une génératrice de courant continu.

Une combinaison analogue est parfois appliquée au courant continu, non pas pour le transformer en courant alternatif, mais simplement pour en abaisser la tension. En effet l'énergie électrique est distribuée par les usines centrales sous des tensions de 110, 220 ou même 440 volts. Or le fonctionnement de l'arc et de son rhéostat n'absorbe que 70 volts. Si l'on absorbe le sur-

plus dans une résistance, on gaspille en pure perte une partie de
l'énergie que l'on paye au secteur. Il est donc beaucoup plus avantageux de transformer cette énergie, en réduisant le voltage et
en augmentant l'intensité du courant.

Le changement de tension du courant continu ne peut pas
s'opérer, comme dans le cas du courant alternatif, dans un transformateur électro-magnétique à bobines immobiles ; il faut ici un

Fig. 25. — Transformateur rotatif de courant alternatif en courant continu.

transformateur rotatif constitué par un moteur électrique action-
nant une dynamo, la grosseur et la longueur des fils de chacun
de ces deux appareils étant calculés pour les tensions auxquelles
ils sont destinés. Le moteur et la dynamo peuvent d'ailleurs être
réunis sur un axe commun, ainsi que le montre la figure 26.

Le rendement de cette machine est d'environ 80 0/0. On ne
perd ainsi que les 2 10 de l'énergie fournie par le secteur, tandis
que, s'il fallait absorber dans un rhéostat l'excès de voltage, dans
le cas d'une distribution à 220 volts, l'énergie gaspillée en pure
perte dépasserait le double de l'énergie utilisée. Le prix d'achat
du transformateur se trouve ainsi très rapidement amorti. Cet
appareil a d'ailleurs un autre avantage, qui en impose même
l'emploi dans le cas où le secteur n'a prévu ses branchements que
pour une intensité de 20 à 25 ampères ; cette intensité est insuffi-

sante pour alimenter et l'éclairage de la salle et l'arc de projec-
-tion, de sorte que l'exploitant se trouve dans l'impossibilité d'utiliser l'énergie ainsi distribuée. Le transformateur y remédie, car,
recevant le courant de 110 volts, par exemple, avec une intensité
de 25 ampères, il peut fournir 33 ampères sous 70 volts, ce qui
suffit parfaitement pour le fonctionnement de l'arc. Le transformateur doit être placé dans un endroit sec, car l'humidité risque
de provoquer des dérivations qui occasionnent des pertes et altèrent progressivement les isolants. Le bâti sera maintenu en par-

Fig. 26. — Transformateur de courant continu.

fait état de propreté, et les paliers soigneusement huilés. Le collecteur sera fréquemment frotté avec un papier d'émeri à grain
très fin, et essuyé avec un linge sec ou très légèrement imbibé de
pétrole. Des coupe-circuit devront protéger l'appareil contre tout
débit accidentel supérieur à celui pour lequel les enroulements ont
été prévus ; la section des fils fusibles sera calculée de telle sorte
que le circuit soit coupé par une surcharge de 10 0/0.

Charbons. — Les baguettes de charbon de bois primitivement
employées par Davy avaient l'inconvénient de s'user très rapidement à l'air, de sorte qu'on était généralement obligé de les faire
brûler dans le vide. En 1840, Foucault eut l'idée de les remplacer
par des crayons taillés dans le dépôt qui se forme contre les parois
des cornues à gaz, pendant la distillation de la houille. Ces
crayons sont durs, excellents conducteurs et ne s'usent que lente-

ment, mais les impuretés qu'ils contiennent font vaciller la lumière et occasionnent des changements de coloration.

Actuellement on n'emploie que des charbons artificiels. Un mélange de goudron et de graphite ou de charbon de cornue pulvérisés avec soin est comprimé dans des moules, sous une pression de 200 à 300 atmosphères. La pâte ainsi agglomérée est introduite dans des creusets réfractaires et soumise à la chaleur d'un four à gazogène. La durée de l'opération est de sept à huit jours.

La mèche des charbons positifs est constituée par une pâte de charbon à base de silicate de soude, à laquelle on ajoute parfois divers sels ou certains oxydes, afin de donner à l'arc plus d'éclat ou une teinte plus chaude. Cette pâte est introduite au milieu du charbon, après la cuisson de l'enveloppe compacte, et seulement séchée à l'étuve.

Le tableau suivant indique le diamètre des charbons à employer, suivant la nature du courant dont on dispose et l'intensité que l'on veut utiliser.

COURANT CONTINU			COURANT ALTERNATIF	
INTENSITÉS	— HOMOGÈNE	+ A AME	INTENSITÉS	LES DEUX CHARBONS A AME
ampères	millimètres	millimètres	ampères	millimètres
10 à 15	9	13	10 à 15	12
15 25	10	14	15 25	14
25 35	12	16	25 35	16
35 45	14	18	35 45	18
45 55	16	20	45 55	20
55 65	18	22	55 65	22
65 75	20	26	65 75	24
75 85	22	28	75 85	26
85 100	24	30	85 100	28

Ces dimensions ne sont pas absolument rigoureuses. Cependant, il est bon de ne pas trop s'en écarter. Si l'on employait, pour une intensité donnée, des charbons d'un diamètre sensiblement supérieur à celui qu'indique le tableau, l'arc serait moins brillant, et une partie du cratère risquerait d'être masquée. Si, au contraire, le diamètre des charbons était trop faible, ils rougiraient sur une trop grande longueur, au détriment de l'arc ; il en résulterait également une perte de lumière et une usure très rapide des charbons.

Régulateurs. — Toute lampe à arc doit être disposée de manière à exécuter, soit automatiquement, soit par un réglage à la main, les mouvements suivants :

1° Au moment où le courant est lancé, par la manœuvre de l'interrupteur correspondant au circuit de l'arc, faire venir les charbons au contact l'un de l'autre;

2° Aussitôt ce contact produit, écarter les charbons à la distance voulue pour que le nombre d'ampères traversant le circuit ainsi que le nombre de volts aux bornes de la lampe soient exactement ceux qu'un réglage préalable aura déterminés;

3° Rapprocher peu à peu les crayons, à mesure qu'ils s'usent, de sorte que l'intensité et la tension restent à peu près invariables.

Il existe un grand nombre de combinaisons pour effectuer toutes ces manœuvres automatiquement. On pourra les utiliser pour l'éclairage de la salle de spectacle et pour ses dépendances (couloirs, escaliers, péristyles, etc.). Mais, pour la projection, le réglage à main est plus sûr, l'opérateur attentif exécutant immédiatement la manœuvre nécessaire. Dans ce cas, la lampe à arc est d'une telle simplicité qu'on peut la considérer comme à peu près indéréglable : elle est constituée par deux leviers terminés par des pinces dans lesquelles sont serrés les charbons et par deux ou trois crémaillères permettant de déplacer l'arc et de modifier la distance entre les charbons.

La disposition des charbons est une condition essentielle pour obtenir des projections brillantes et uniformément éclairées. Diverses combinaisons ont été proposées, et toutes tendent au même but : utiliser le plus possible la lumière émise par le cratère du charbon positif. Il faut donc que le cratère soit en regard du condensateur et que le charbon négatif ne cache pas la source de lumière. A cet effet, quelle que soit la lampe employée, le charbon dans lequel va se creuser le cratère sera placé légèrement en retrait. Les figures 27 et 28 montrent les différentes positions adoptées. La position A ne convient qu'aux lampes destinées à l'éclairage, la lumière émise par le cratère étant alors dirigée de haut en bas. Les positions B, C, F, E et D conviennent toutes à la

projection, la lumière étant dans toutes ces combinaisons dirigée
vers le condensateur.

Les figures 29 et 31 mettent sous les yeux du lecteur deux modèles de régulateurs à main. Les charbons sont fixés à deux bras

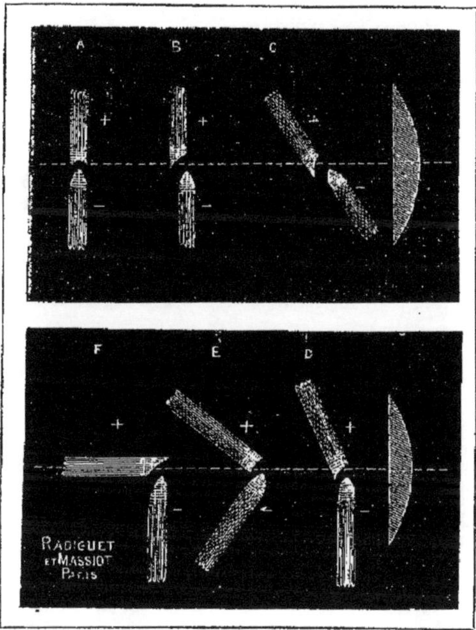

Fig. 27 et 28. — Position des charbons.

que l'on peut déplacer dans tous les sens à l'aide de vis ou de
crémaillères.

Ces déplacements sont nécessaires, soit pour amener les charbons en contact, au moment de l'allumage, et les écarter immédiatement, soit pour les rapprocher, à mesure qu'ils s'usent. Il faut,
de plus, régler la position du point lumineux par rapport au condensateur. C'est pourquoi le régulateur peut être avancé ou reculé
par la manœuvre d'une crémaillère, de façon que la source de
lumière soit au foyer des lentilles. Les mouvements verticaux et
latéraux achèvent de placer l'arc dans l'axe optique.

Les vis de réglage et le pignon de la crémaillère sont ma-

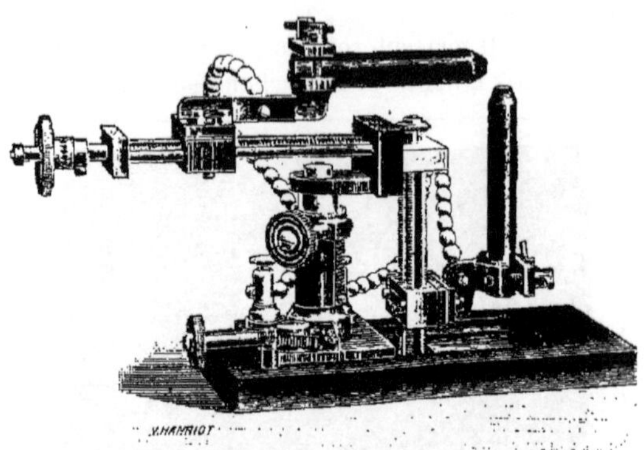

Fig. 29. — Lampe à arc. — Charbons à angle droit.

nœuvrés à l'aide de boutons moletés, en fibre ou en toute autre sub
stance mauvaise conductrice de la chaleur et de l'électricité, afin

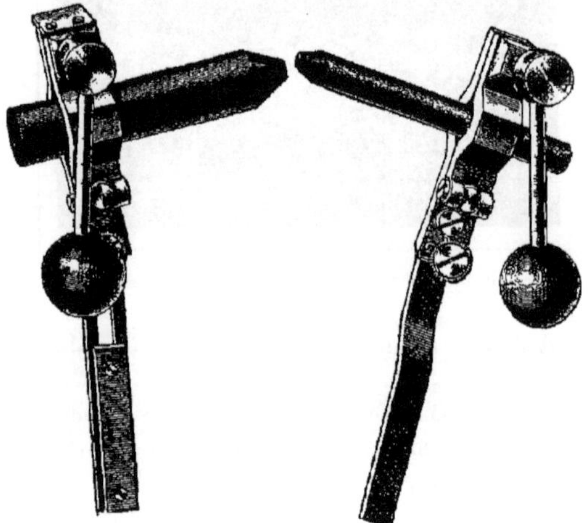

Fig. 30. — Porte-charbons.

que l'opérateur ne risque ni de se brûler ni de recevoir une com-
motion.

Le socle est également constitué par une matière isolante ou bien, s'il est en métal, une plaque isolante le sépare des porte-charbons.

Le courant est amené à la lampe par des fils de cuivre entourés d'une gaine non conductrice (gutta-percha et coton). L'extrémité de chaque fil est serrée dans une *borne* métallique en communication avec l'un des bras du régulateur. Il va sans dire que les deux bras sont isolés l'un de l'autre : à cet effet, les montants qui les sup-

Fig. 31.
Lampe à arc. — Charbons parallèles.

Fig. 32. — Lampe à arc. — Charbons à ciseaux. — Réglage automatique.

portent sont faits d'une substance non conductrice, généralement en fibre.

Le libre jeu des organes mobiles exige l'emploi de conducteurs souples.

Dans le régulateur Lumière, l'extrémité des fils d'amenée du courant est tordue en spirale ; dans les modèles représentés *fig.* 29, 31 et 32 le courant est conduit des bornes aux leviers par deux faisceaux de fils de cuivre très fins entourés de perles en verre ou en porcelaine.

Les pinces qui terminent les deux bras doivent être disposées de telle sorte que le remplacement des charbons usés soit facile et rapide.

La figure 30 reproduit à une plus grande échelle l'extrémité des bras, de manière à mieux montrer les détails des porte-charbons.

Chaque charbon est pris dans un étau à vis dont on règle la pression à l'aide d'une petite tige terminée par une poignée sphérique.

Groupes électrogènes. — Par sa vive lumière concentrée en un très faible espace, l'arc électrique convient mieux que tout autre mode d'éclairage aux projections cinématographiques : les ombres portées sur l'écran par l'interception des contours des petites images sont très fermes, très nettes, sans aucun doublage ou épaississement des traits, et cela d'une manière uniforme pour le tableau tout entier. Au contraire, avec les foyers éclairants à large surface, les lignes vont toujours s'élargissant à mesure qu'elles s'éloignent du centre optique. Et plus on augmente la surface d'éclairage, plus les contours s'épaississent. On n'y remédierait qu'en diaphragmant, c'est-à-dire en perdant de la lumière.

L'arc devra donc être adopté, à l'exclusion de tout autre luminaire, chaque fois que l'on disposera d'une source d'électricité suffisante, et c'est seulement lorsqu'il sera impossible d'utiliser l'énergie électrique que l'on aura recours aux sources de lumière par combustion qui seront décrites dans le chapitre suivant.

Et même quand la localité dans laquelle on se trouve est totalement dépourvue d'une distribution d'énergie électrique, ou quand la dépense d'une canalisation ou d'un branchement sera trop élevée, il sera préférable d'employer encore l'électricité, que l'on sera alors obligé de produire soi-même à l'aide d'un appareil électrogène. Cette combinaison est applicable à toute exploitation cinématographique appelée à se déplacer fréquemment et par suite exposée à être tributaire d'exigences trop onéreuses.

L'énergie nécessaire au fonctionnement du projecteur à arc ne saurait être demandée à une pile ni à un accumulateur portatif.

Le seul moyen pratique est d'employer un groupe électrogène, constitué par une dynamo actionnée par un moteur à vapeur, à gaz ou à essence. Nos figures 33 et 34 représentent deux différents modèles de groupes électrogènes et le schéma figure 35 indique la disposition des organes.

Chacun de ces moteurs offre des avantages et des inconvénients particuliers, et le choix de la force motrice est subordonné soit à des conditions économiques, soit aux facilités de déplacement, soit

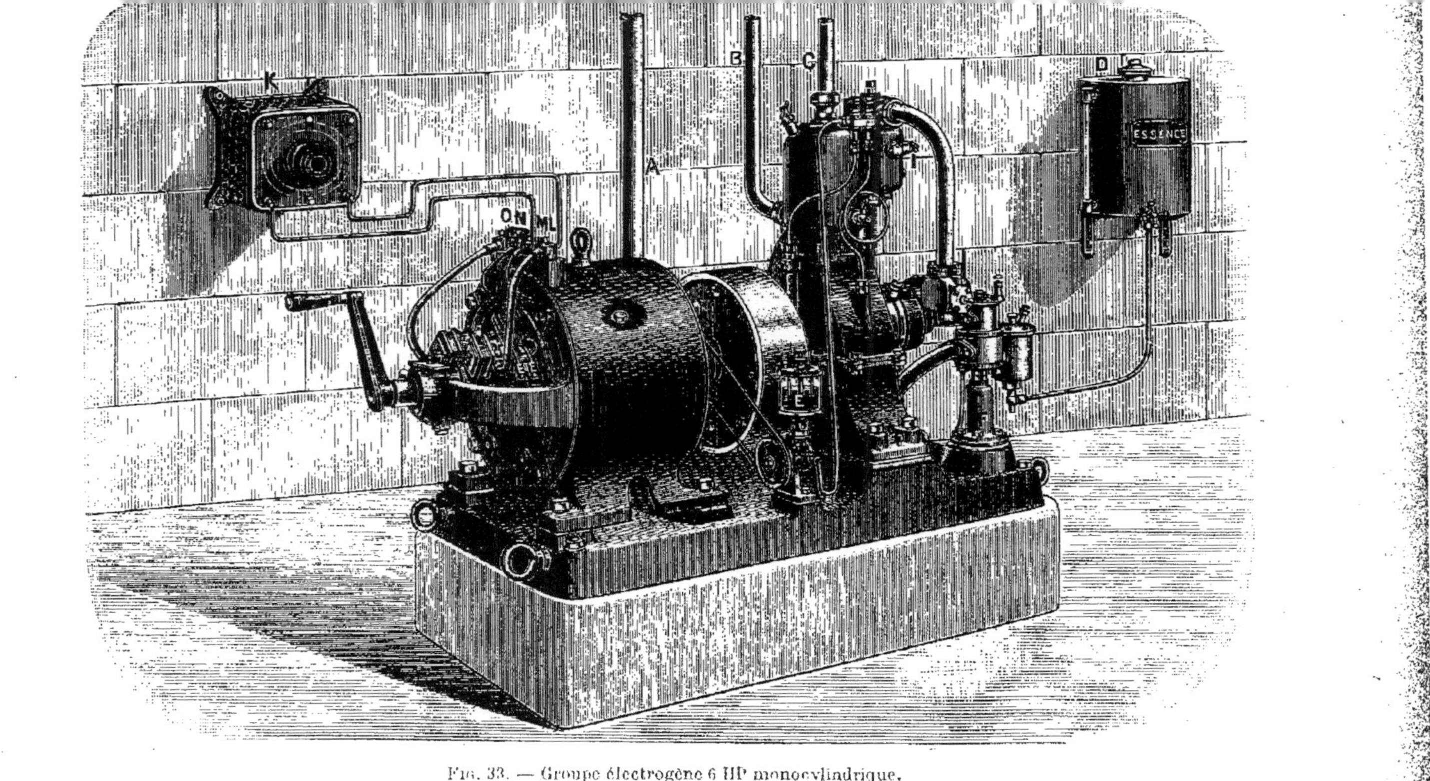

Fig. 33. — Groupe électrogène 6 HP monocylindrique.

à la place dont on dispose, soit aux commodités d'installation et
d'entretien.

La machine à vapeur est économique, lorsqu'elle est utilisée
une grande partie de la journée; dans le cas contraire, la mise
en pression de la chaudière et l'alimentation en eau et en
combustible exigent une surveillance assidue et sont assez onéreuses. Le principal avantage du moteur à vapeur est la régularité

Fig. 34. — Groupe électrogène léger.

parfaite de sa marche, et la solidité de ses organes. C'est pourquoi
on s'en sert fréquemment, même dans les exploitations ambulantes : la dynamo est alors accouplée à un moteur rotatif rapide
et montée avec la chaudière sur un châssis à quatre roues. C'est la
« locomobile » que tout le monde connaît.

Le moteur à gaz convient mieux à l'utilisation intermittente qui
caractérise la plupart des exploitations cinématographiques ; il
occupe moins de place que la chaudière et le moteur à vapeur,
mais la marche en est moins régulière, malgré l'emploi de volants
très lourds, et le démarrage n'en est pas toujours facile. Le combustible utilisé est plus cher que celui qui brûle dans le foyer de
la chaudière, mais la consommation en est limitée à la durée de
fonctionnement.

Le moteur à essence, semblable à celui des automobiles, est le

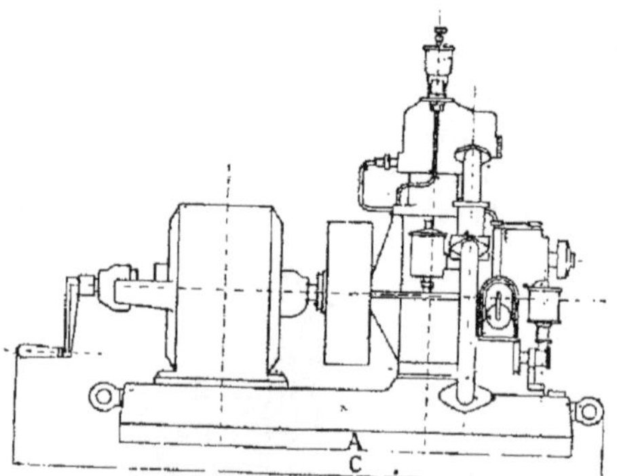

Fig. 35. — Schéma de groupe électrogène à essence.

plus coûteux de tous lorsqu'on lui demande un effort prolongé. Le fonctionnement et l'entretien en sont assez délicats. Mais il offre

Fig. 36. — Groupe électrogène.

l'avantage, particulièrement précieux pour l'exploitant ambulant, d'être moins lourd et moins encombrant que tous les autres. Ainsi,

Fig. 37. — Groupe électrogène et tableau de distribution.

un moteur de 1 cheval et demi, tournant à 1.500 tours par minute, peut être accouplé à une dynamo susceptible de débiter un courant électrique de 12 ampères sous une différence de potentiel de 70 volts. Ce groupe électrogène, parfaitement suffisant pour la projection dans une salle de dimensions restreintes, pèse moins de 100 kilogrammes et peut d'ailleurs être rapidement démonté, si les moyens de transport dont on dispose exigent le fractionnement des bagages.

Autant que possible, l'axe de la dynamo est placé dans le prolongement de l'axe du moteur, et les deux arbres sont liés par un manchon élastique (*fig.* 35). Cette disposition est préférable aux transmissions par courroies qui glissent fréquemment sur les poulies et occasionnent de ce chef une perte de rendement.

La dynamo et le moteur, quel qu'il soit, seront fixés sur un bâti rigide qui pourra lui-même être scellé au sol ou reposer, au contraire, sur des supports élastiques atténuant le bruit et les vibrations (*fig.* 37).

La figure 38 montre de quelle façon seront établies les connexions. Le circuit inducteur est relié au rhéostat de champ, qui permet de régler la tension en intercalant une résistance variable. Les bornes de l'induit communiquent avec le tableau de distribution, sur lequel sont montés les interrupteurs par lesquels le courant est envoyé à volonté, soit dans la lampe à arc du projecteur, soit dans les lampes qui éclairent la salle. Le tableau de distribution porte aussi deux coupe-circuit, un ampèremètre, un voltmètre, et le rhéostat de réglage de l'arc.

Dans les installations fixes, une excellente précaution est d'adjoindre au groupe électrogène une batterie d'accumulateurs. L'achat en est assez coûteux et l'entretien exige quelques soins, mais ces inconvénients sont amplement compensés par plus d'un avantage. Tant que le moteur fonctionne normalement, l'accumulateur absorbe le surplus d'énergie, qui serait gaspillé en pure perte. Si, au contraire, quelques ratés ou même une panne prolongée se produisent, l'accumulateur se décharge dans la dynamo, qui fait alors fonction de moteur jusqu'à ce que le mécanisme reprenne son fonctionnement normal. Enfin, s'il devient obligatoire d'arrêter le moteur pour le réparer, le courant est directement fourni par la batterie, qui assure ainsi l'exploitant contre tout risque de remboursement d'une recette et contre toute mauvaise impression

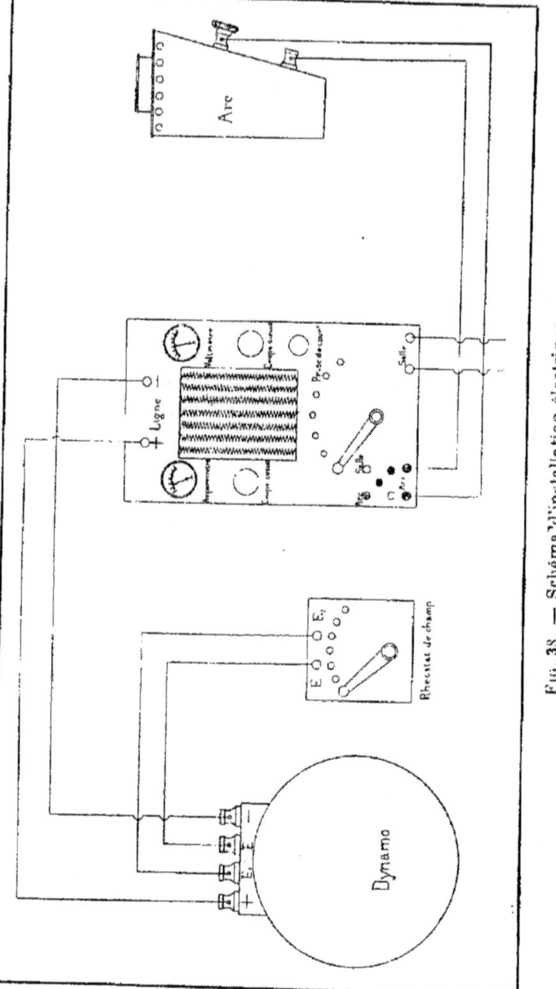

Fig. 38. — Schéma d'installation électrique.

qu'un renvoi du spectacle laisserait certainement dans l'esprit des spectateurs.

<h1 style="text-align:center">CHAPITRE IV</h1>

<h2 style="text-align:center">SOURCES DE LUMIÈRE A COMBUSTION</h2>

Lumière oxhydrique. — A défaut de l'arc électrique, le mode d'éclairage qui convient le mieux aux projections est celui qu'a inventé Drummond en 1801. La flamme du chalumeau oxhydrique est très chaude : si l'on en dirige le dard sur un bâton de chaux ou de magnésie, ces oxydes sont immédiatement portés à l'incandescence et émettent une lumière très brillante dont l'intensité peut atteindre 2.000 bougies.

Le chalumeau oxhydrique (*fig.* 39) est composé de deux tuyaux

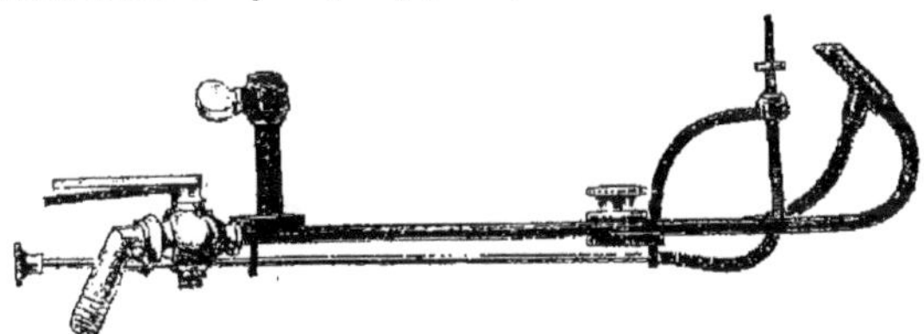

Fig. 39. — Chalumeau oxhydrique à gaz combinés, bec platine, mécanisme pour tourner la chaux.

reliés l'un à un réservoir d'oxygène et l'autre à un réservoir d'hydrogène. Les deux tubes aboutissent à un bec commun, où les deux gaz se mélangent.

Chaque tuyau est muni d'un robinet permettant de régler exactement les proportions du mélange gazeux, dont dépend le bon fonctionnement de l'appareil et le meilleur rendement lumineux. A pression égale, il faut 2 volumes d'hydrogène pour 1 volume d'oxygène. Le mélange allumé à sa sortie du bec produit une flamme longue et pointue, de couleur bleuâtre et peu lumineuse, mais dont la température extrêmement élevée amène au rouge blanc les substances réfractaires et donne à certains oxydes un éclat extraordinaire, presque aussi vif que celui de l'arc électrique.

Le corps à échauffer est un cylindre creux que l'on adapte à une tige verticale disposée en face du bec oxhydrique. Un engrenage

commandé par un bouton moleté placé à proximité des robinets de réglage permet de faire tourner le cylindre, à mesure qu'il s'use sous l'action de la haute température qui le désagrège peu à peu.

On a soin de se munir de cylindres de rechange, afin de remplacer immédiatement celui qui est usé. La chaux vive s'altérant à l'air est tenue

Fig. 40.
Bâtons de chaux.

enfermée dans des tubes de verre scellés (*fig.* 40). On la remplace souvent par des blocs de magnésie ou mieux de zircone, ou encore par divers mélanges contenant du thorium.

Entre les deux tubes, près des robinets, est fixée la douille qui sert à monter le chalumeau sur son support (*fig.* 41 et 42). C'est un tube muni d'une vis de serrage qui s'adapte à une tige verticale fixée à un socle en fonte. Ce socle se déplace facilement dans la lanterne, pour le centrage de la lumière. Dans certains appa-

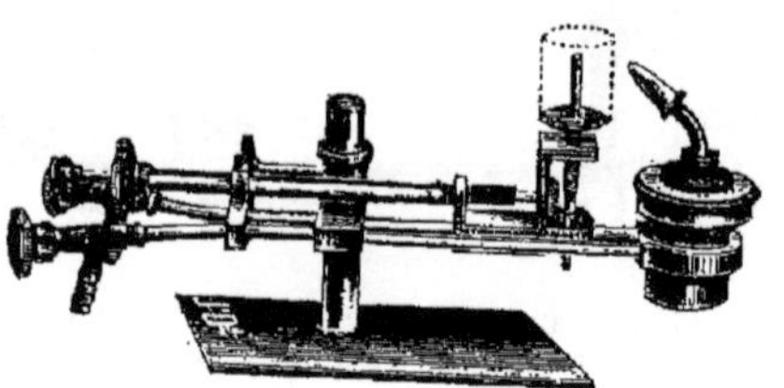

Fig. 41. — Chalumeau sur son support.

reils, tous les déplacements s'effectuent par l'intermédiaire de crémaillères dont les pignons sont commandés à l'aide de boutons extérieurs.

L'hydrogène et l'oxygène sont livrés séparément, comprimés dans des tubes d'acier. La pression qui y règne (120 à 150 atmosphères) ne permet pas de les relier directement au chalumeau, dont les robinets ne suffiraient pas à modérer l'échappement. Pour régler le débit, il faut un appareil spécial, qui assure la détente du gaz. Le détendeur est ordinairement muni d'un manomètre gradué jusqu'à 150 kilogrammes, indiquant la pression qui règne dans le tube, d'où l'on déduit facilement la quantité de gaz qu'il

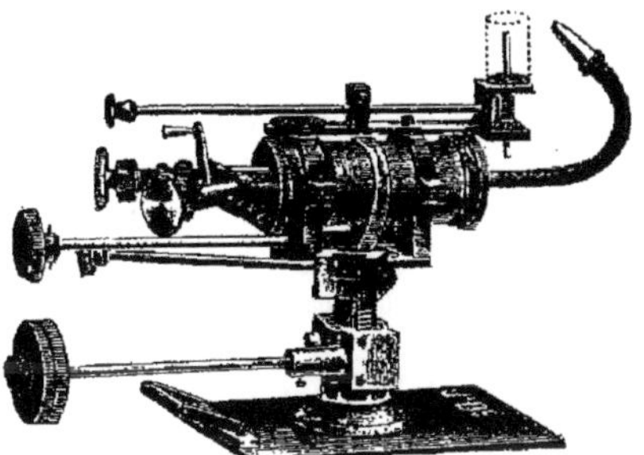

Fig. 42. — Chalumeau, support à crémaillère.

contient. De là le nom de *mano-détendeur* donné à cet organe.

Le modèle représenté figure 43 est combiné pour les tubes à haute pression. Il permet de régler avec une précision absolue, au moyen de la vis arrière, la pression sous laquelle doit normalement fonctionner le chalumeau : le petit manomètre donne cette

pression en fractions de kilogramme. Le grand manomètre indique la pression intérieure du tube : pour en connaître le contenu, il suffit de multiplier la capacité du tube par le chiffre en regard duquel s'est arrêtée l'aiguille.

A défaut d'hydrogène comprimé, on peut préparer ce gaz par la réaction du zinc ou du fer sur l'acide chlorhydrique, mais il est très rare que l'on ait recours à

Fig. 43. — Mano-détendeur.

cette combinaison onéreuse et compliquée. On peut d'ailleurs remplacer l'hydrogène par le gaz d'éclairage ordinaire, seulement dans ce cas il faut un chalumeau à injecteur, organe analogue à celui des becs de Bunsen. On peut aussi employer l'acétylène ou les vapeurs dégagées de l'éther, de l'alcool, de l'essence de pétrole. Tous ces modes d'éclairage intensif exigent la présence de l'oxygène. Il nous faut donc examiner de quelle manière on pourra se procurer ce gaz, soit qu'on se serve du chalumeau oxhydrique, soit que l'on ait recours à la lumière oxyéthérique ou oxycalcique, ou oxyessence, ou oxyacétylénique, dont nous verrons ensuite les modes de production et les propriétés.

Production de l'oxygène. — Lorsqu'on est éloigné d'une usine ou d'un dépôt de tubes à oxygène comprimé, il vaut mieux préparer ce gaz sur place, car le transport des tubes pleins, le retour des tubes vides augmentent notablement le prix de revient et exposent l'exploitant à des retards susceptibles de lui occasionner de graves préjudices.

Le mode primitif de préparation de l'oxygène par le chlorate de potasse est actuellement abandonné presque complétement, parce qu'il est relativement compliqué. Néanmoins il est utile d'en connaître le principe, au cas où l'on serait dépourvu du matériel et des produits nécessaires aux procédés plus commodes qui seront décrits ensuite.

On introduit dans une cornue ou dans une marmite en fonte un mélange à poids égaux de chlorate de potasse et d'oxyde *brun* de manganèse. On lute avec du plâtre ou de l'argile le couvercle de la marmite, qui doit être muni d'un tuyau en communication avec un flacon laveur,

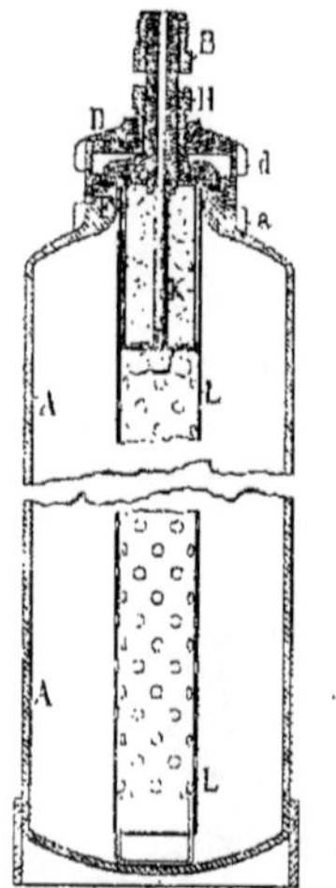

Fig. 44. — Coupe de l'auto-compresseur à agglomérés.

relié lui-même à un gazomètre ou à des sacs de toile caoutchoutée parfaitement étanches. On place la marmite ou la cornue sur un feu vif, que l'on entretient jusqu'à dégagement complet de tout l'oxygène contenu dans le chlorate.

Pour l'usage, on charge les sacs, afin d'établir une pression qui assure l'évacuation de l'oxygène.

Le procédé par agglomérés brûlant dans un tube auto-compresseur est beaucoup plus pratique. Il est basé sur le principe de la décomposition du chlorate de potasse en présence du charbon et d'un corps inerte, tel que la terre d'infusoires. Ces trois substances sont vendues mélangées dans les proportions voulues, sous forme de pains cylindriques pouvant donner chacun environ 15 litres d'oxygène. Ces agglomérés sont inaltérables et coûtent environ 0 fr. 33; le mètre cube d'oxygène ainsi préparé ne revient qu'à 22 francs, ce qui est un prix très abordable, en raison de la facilité de transport et de la facilité de préparation du gaz.

Il suffit, en effet, de placer un certain nombre d'agglomérés dans un tube de tôle perforée L (*fig.* 44), d'enflammer l'extrémité inférieure de la pile et de l'introduire dans un tube d'acier A éprouvé à la pression de 60 kilogrammes. On ferme l'orifice F par un bouchon D muni d'une valve B, et la combustion, alimentée par l'oxygène qui se dégage du premier aggloméré allumé, se poursuit automatiquement : l'oxygène continue donc à se dégager et, au bout de dix minutes environ, le tube A contient 210 litres d'oxygène comprimé à 20 atmosphères et prêt à être utilisé.

La réaction dégage aussi du gaz carbonique, mais il est absorbé dans un filtre de chaux sodée K.

Lorsqu'on désire préparer une nouvelle provision d'oxygène, on s'assure que le tube n'en contient plus, on dévisse le chapeau D, et on retire le tube de tôle perforée qui contient le résidu de la combustion des agglomérés, que l'on remplace par une nouvelle charge.

D'autres procédés ont été imaginés par M. Joubert pour produire facilement l'oxygène, soit par voie humide, au moyen de l'*oxylithe*, soit par voie sèche, au moyen de l'*oxygénite*.

L'oxylithe est une combinaison à base de bioxyde de sodium qui, au contact de l'eau, se décompose et dégage de l'oxygène. On le vend sous forme de pastilles cubiques qui se placent dans un appareil construit sur le même principe que le briquet à hydrogène.

Cet appareil (*fig.* 45) se compose de deux réservoirs superposés communiquant par des tubes verticaux. Le réservoir supérieur contient de l'eau, et le réservoir inférieur reçoit les pastilles d'oxylithe. L'eau venant en contact avec les pastilles détermine le dégagement de l'oxygène : le gaz fait pression sur l'eau et tend à la refouler dans le réservoir, où elle remonte. L'oxylithe cessant alors d'être mouillé, la production du gaz cesse, pour ne reprendre qu'au moment où l'on aura consommé assez d'oxygène pour que la diminution de pression permette à l'eau de redescendre.

Le gaz provenant de la réaction est de l'oxygène pur, tandis que celui qui est livré comprimé dans les tubes contient généralement 8 à 15 0/0 de produits carbonés.

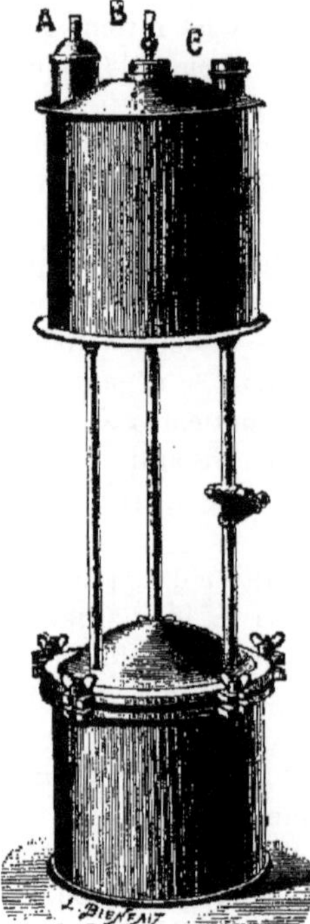

Fig. 45.
Oxygénérateur Pathé.

L'inconvénient de ce mode de préparation est d'être assez coûteux, car 1 kilogramme d'oxylithe coûte 4 francs et ne produit que 150 litres d'oxygène.

L'oxygénite est une matière pulvérulente, ressemblant à du sable fin, composée de perchlorate de potasse, de charbon et d'oxyde de manganèse. Par incinération en vase clos, ce produit se dissocie et rend environ 280 litres d'oxygène par kilogramme. En calculant qu'une cartouche d'allumage (0 fr. 20 la charge) est nécessaire pour incinérer 1 kilogramme d'oxygénite (2 fr. 50), on en déduit que l'oxygène produit dans ces conditions ne revient pas à plus de 9 francs le mètre cube.

La combustion de l'oxygénite ne présente aucun danger ; il n'y a pas d'explosion possible, comme avec le chlorate de potasse, parce que la décomposition de ce dernier corps est exothermique, c'est-à-dire dégage de la chaleur en s'effectuant, tandis que la décomposition du perchlorate est endothermique, c'est-à-dire absorbe de la chaleur pour s'accomplir. L'oxygénite est combustible, mais elle ne s'enflamme pas au contact d'une allumette : il faut d'abord porter un point quelconque de la masse à une température élevée, au moyen d'une poudre spéciale s'allumant au moyen d'une allumette. Une fois la combustion ainsi amorcée, l'oxygénite continue à brûler lentement, sans flamme, en dégageant de l'oxygène. Le résidu de la combustion, qui représente environ 60 0/0 du poids de la matière employée, est du chlorure de potassium pur dont la valeur marchande n'est pas négligeable et doit être déduite du prix de revient.

L'oxygène dégagé est généralement emmagasiné dans un auto-

FIG. 46. — Réservoir à oxygénite.

compresseur. Le générateur « Elgé » (*fig.* 46 et 47) est constitué par un cylindre A en tôle d'acier timbré à 20 atmosphères et essayé à 30; il porte à son extrémité supérieure une ouverture circulaire B, d'environ 12 centimètres de diamètre, fermée par un bouchon C garni de plomb. L'obturation étanche de cette ouverture est obtenue au moyen d'un .étrier D et d'une vis de pression E qui comprime le bouchon sur son siège.

A l'intérieur du réservoir, un tube en tôle sans soudure, indiqué en pointillé dans la figure 46, s'adapte exactement au col B et descend jusqu'au fond du réservoir cylindrique. Il est fermé et percé de trous à la partie inférieure : c'est le laveur réfrigérant. La moitié inférieure de ce tube est remplie de pierre ponce ou de petits

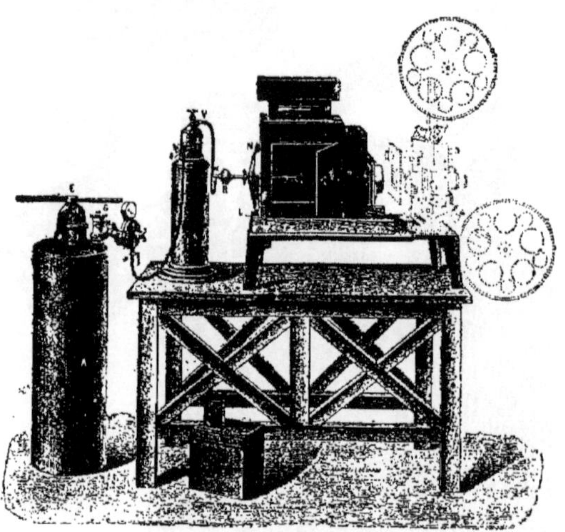

Fig. 47. — Eclairage « Elgé-Réflex » et générateur « Elgé ».

cailloux. La moitié supérieure contient un panier cylindrique en aluminium, destiné à recevoir l'oxygénite.

Pour charger le générateur, on ouvre la valve à pointeau G et celle du mano-détendeur P, afin de s'assurer qu'il ne reste plus d'oxygène sous pression dans l'appareil, de façon à pouvoir ouvrir le bouchon sans danger. On desserre ensuite, à l'aide d'une clé spéciale, la vis de pression E. L'étrier D devient ainsi libre et peut basculer sur son axe, ce qui permet d'enlever le bouchon C. On retire le panier d'aluminium, et l'on enlève le résidu de l'opération précédente. On verse alors dans l'appareil 1 litre d'une solution saturée à froid de carbonate de soude, et l'on débouche l'ouverture pratiquée à la base du cylindre : la solution alcaline s'écoule aussitôt, et on la recueille, car elle peut servir plusieurs fois : on peu même en laisser une petite quantité au fond du tube, où elle servira à laver l'oxygène.

Le panier d'aluminium est rempli d'oxygénite soigneusement tassée et remis en place dans le cylindre. On pratique au milieu de la poudre une petite cavité d'environ 2 centimètres de diamètre et 6 centimètres de profondeur, et on la remplit de la poudre spéciale d'allumage. L'appareil est dès lors prêt à fonctionner. Une simple allumette suffit pour amorcer la réaction. Quand le mélange est bien allumé, ce qui se reconnaît à une vive incandescence qui se propage rapidement, on remet le tampon C sur son siège, on le serre fortement et l'on ferme les robinets.

Au bout de cinq minutes environ, le manomètre indique que la pression atteint 1 kilogramme, ce qui est suffisant pour commencer la projection. Une demi-heure après, la réaction est terminée ; la pression atteint alors 15 atmosphères environ.

Le débit se règle, comme sur les tubes d'oxygène comprimé, au moyen du robinet P et du détendeur.

Lumière oxyessence. — On désigne sous le nom de *saturateur* un récipient dans lequel un courant d'oxygène traverse un liquide combustible volatil, tel que l'éther ou l'alcool. Le gaz comburant entraîne la vapeur inflammable, et le mélange ainsi formé peut être utilisé dans le chalumeau oxhydrique. Il est particulièrement intéressant d'employer comme combustible l'essence d'automobile, que l'on trouve maintenant partout à un prix peu élevé.

Le rendement lumineux des chalumeaux oxyessence est cependant inférieur à celui des saturateurs à éther ou à gazoline, qui seront décrits plus loin, mais leur fonctionnement est plus simple et n'offre pas de danger sérieux, si l'on a soin d'opérer avec prudence et de faire fréquemment vérifier l'état des tubes de sûreté.

La figure 47 représente l'appareil « Elgé Réflex », dont l'éclairage est produit par un saturateur à essence N et un générateur à oxygénite A. Le saturateur se compose d'un récipient à essence entouré d'un fourreau que l'on remplit d'eau chaude pour activer la carburation. Le récipient contient environ un tiers de litre d'essence. L'oxygène produit dans le générateur passe sur le liquide volatil, et le mélange inflammable arrive par le tuyau VK au chalumeau R dont le bec traverse le centre du réflecteur parabolique M.

Le bâton de chaux est ici remplacé par une pastille spéciale en terre rare sertie dans une monture en acier. Cette pastille donne une lumière plus blanche et dure plus longtemps, sans qu'il soit nécessaire de la déplacer pendant la projection.

L'intensité lumineuse dont on dispose ainsi équivaut à celle d'un arc électrique de 15 à 20 ampères. La consommation par heure est d'environ un tiers de litre d'essence pour automobile et 80 litres d'oxygène. Il faut donc recharger le saturateur au bout d'une heure de fonctionnement.

Le centrage de la lumière sur l'écran de projection s'effectue en avançant ou en reculant le chalumeau dans la lanterne. A cet effet, le tube du chalumeau glisse à frottement doux dans une douille adaptée au milieu du miroir parabolique. Quand la source de lumière est exactement au foyer du condensateur, on serre la vis à ailettes placée derrière le miroir, de manière à maintenir le chalumeau immobile. Pour le centrage en hauteur, on se sert du levier L, qui permet de faire monter et descendre le chalumeau en même temps que le réflecteur. Ce double réglage est effectué une fois pour toutes, et il n'y a plus à y revenir dans la suite.

Lumière oxyéthérique. — Le chalumeau à vapeurs d'éther est fondé sur le même principe que la lampe à oxyessence, qu'il a d'ailleurs précédée. Le matériel nécessaire se compose d'un tube ou d'un générateur d'oxygène et d'un saturateur dans lequel s'effectue le mélange d'oxygène et de vapeurs d'éther.

La figure 48 représente un saturateur. L'oxygène arrive par un tuyau adapté à une tubulure et traverse le récipient dans lequel est l'éther absorbé par un corps spongieux (drap, éponge, charbon, etc.). Des robinets règlent le débit de gaz et de vapeurs d'éther. Le bec du chalumeau est dirigé vers le cylindre de chaux, que l'on peut faire tourner à l'aide d'un engrenage commandé par l'arbre.

Cette disposition est plus avantageuse que les systèmes à chalumeaux indépendants de la chambre de saturation. En effet, ces derniers exigent l'interposition de tubes de sûreté sur le parcours du tube à oxygène carburé. Outre les condensations de vapeur qui peuvent se produire, il est à craindre qu'il y ait projection de liquide libre par le bec du chalumeau.

Les saturateurs oxyéthériques font parfois explosion à cause de l'huile qui sert à lubrifier les valves. Von Neander a observé qu'une solution éthérée de graisse, mise à évaporer, fait explosion en séchant. En évaporant l'éther pur ou oxydé, rien d'anormal ne se produit, mais l'explosion a lieu si un corps gras s'y trouve dissous. Il faut donc éviter l'emploi de l'huile dans les récipients par où passe l'éther.

L'éther est actuellement remplacé souvent par la gazoline, ou

Fig. 48. — Saturateur.

éther de pétrole, qui a l'avantage de brûler complètement, sans laisser de résidus incombustibles (tandis que l'éther ordinaire abandonne de l'eau qui s'accumule peu à peu dans le saturateur), de coûter moins cher et de fournir une lumière plus intense et de plus longue durée. Les mêmes appareils peuvent d'ailleurs servir pour l'éther ordinaire et pour l'éther de pétrole.

Le saturateur représenté figure 48 a un pouvoir éclairant de 400 bougies lorsqu'il est alimenté à la gazoline, ce qui permet une projection ayant jusqu'à 2 mètres de largeur, sur un écran placé à 8 ou 10 mètres au plus. La durée de son fonctionnement est de deux heures d'éclairage par charge, et sa consommation d'oxygène d'environ 80 à 90 litres par heure.

Les saturateurs oxyéthériques peuvent aussi fonctionner soit avec de l'acétone pure, soit avec un mélange d'acétone et de gazoline.

Lumière oxycalcique à alcool. — Ce mode d'éclairage consiste à échauffer un bâton de chaux au moyen d'une flamme à alcool ali-

FIG. 49. — Chalumeau à alcool.

mentée par un jet d'oxygène. Il ne convient qu'à de petites projections.

La figure 49 représente un chalumeau oxycalcique. L'oxygène arrive par le tube inférieur, et le débit en est réglé par un robinet. Un autre robinet règle le débit de l'alcool, qui se rend dans le brûleur par le tube supérieur. Le réservoir à alcool, que l'on voit à gauche du dessin, est suffisamment éloigné de la flamme pour rester à peu près froid. Il est à niveau constant, afin que la pression reste constante, et une disposition spéciale le maintient horizontal, quelle que soit l'inclinaison de l'appareil.

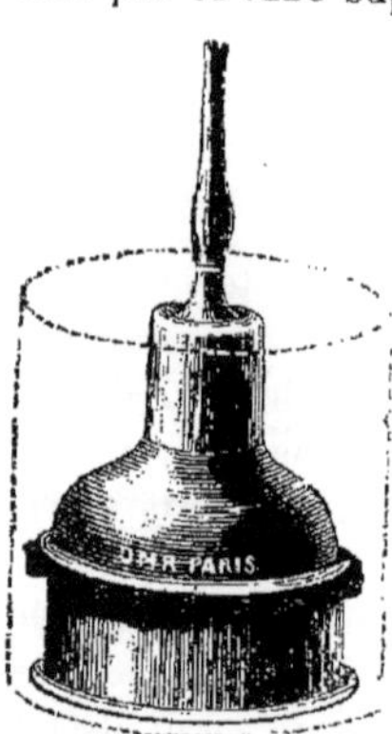

FIG. 50. — Héliophore.

Lumière oxyacétylénique. — Bien que l'acétylène produise une très belle lumière, une certaine prévention persiste encore contre l'emploi de ce gaz, à cause des nombreux accidents qu'il a occasionnés. Cependant il existe aujourd'hui des générateurs supprimant tout risque d'explosion, car le gaz n'y est produit qu'en faible quantité à la fois, à mesure de la consommation.

Ces appareils sont basés sur le principe du briquet à hydrogène de Gay-Lussac. Le fonctionnement en est entièrement automatique,

et ils offrent une sécurité absolue, à condition d'employer unique-
ment du carbure de calcium enrobé. La fi-
gure 50 en représente un modèle très simple. L'*Héliophore* est constitué par une
cloche métallique dont la base est fermée
par une rondelle feutrée. La cloche étant
à demi remplie de carbure de calcium est
plongée dans l'eau, le liquide pénètre à
travers la rondelle poreuse et vient décom-
poser le carbure : l'acétylène se dégage
aussitôt et, si le tuyau de dégagement est
fermé, la pression du gaz ne tarde pas à
refouler l'eau hors de la cloche, de sorte
que la production cesse.

L'appareil suivant (*fig.* 51 et 52) est fondé
sur le même principe, mais destiné à une
plus grande production. Il se compose d'une
cloche cylindrique terminée à sa partie supérieure en un tube assez large fermé par
un robinet d'échappement de gaz. A l'intérieur de la cloche, un

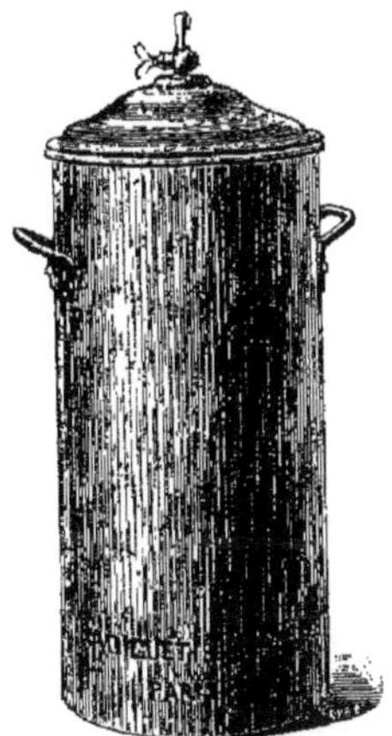

Fig. 51. — Générateur
d'acétylène monté.

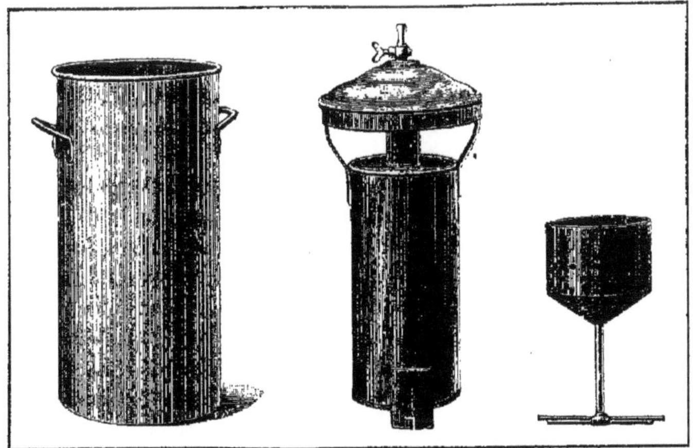

Fig. 52. — Générateur d'acétylène démonté.

panier en métal perforé reçoit le carbure de calcium. Le tout est placé dans un récipient cylindrique dans lequel on verse une certaine quantité d'eau et qui se trouve exactement fermé par un couvercle soutenant la cloche et traversé par le tube d'échappement.

Autant que possible, il ne faut mettre dans le panier perforé que la quantité de carbure jugée nécessaire pour la séance. Un kilogramme de carbure de calcium donne en moyenne 250 litres d'acétylène.

Le carbure de calcium enrobé se conserve indéfiniment sans se désagréger et ne dégage aucune odeur dans les boîtes qui le contiennent. Il est attaqué régulièrement par l'eau et détermine, par suite, un dégagement de gaz parfaitement constant.

La figure 53 montre un générateur plus simple.

On trouve actuellement, dans tous les centres importants, de l'acétylène dissous dans l'acétone, à l'usage des automobilistes. Ce mélange, vendu dans des bouteilles spéciales, n'offre aucun danger et dispense de toute manipulation et de tout matériel de production du gaz. Un litre d'acétone peut dissoudre, à la pression de 10 atmosphères, 250 litres d'acétylène, avec une augmentation de volume de 40 0/0. Ce procédé, qui permet d'emmagasiner une grande quantité de gaz sous un petit volume, a pris depuis quelques années une grande extension, à mesure que se développait l'automobilisme, qui exige des lanternes puissantes.

Fig. 53. — Générateur simple, se plongeant dans un récipient quelconque (bois ou métal) contenant de l'eau.

Les bouteilles destinées à l'éclairage des autos ont une capacité de 3 litres et demi, elles pèsent 7 kilogrammes et demi et contiennent 350 litres de gaz utilisable, comprimé à 10 atmosphères. On trouve aussi des réservoirs de plus grande capacité, destinés à l'éclairage des wagons et aux chalumeaux d'atelier : ce sont des cylindres de 13 et de 30 litres, contenant respectivement 1.300 et 3.000 litres de gaz. En France, plus de cent dépôts de l'usine de Champigny assurent le ravitaillement des consommateurs. Cette extrême commodité de réapprovisionnement ne peut qu'en répandre l'emploi dans les appareils de projection.

Pour de très faibles amplifications, on peut se contenter de faire brûler l'acétylène à l'air libre, dans des becs conjugués en stéatite (*fig.* 54). En groupant trois becs doubles devant un réflecteur, on a une lumière très fixe d'environ 150 bougies. Cette intensité lumi-

Fig. 54. — Brûleur à acétylène.

neuse étant presque toujours insuffisante dans les projections ani-mées, il faut brûler le gaz dans l'oxygène et diriger la flamme ainsi

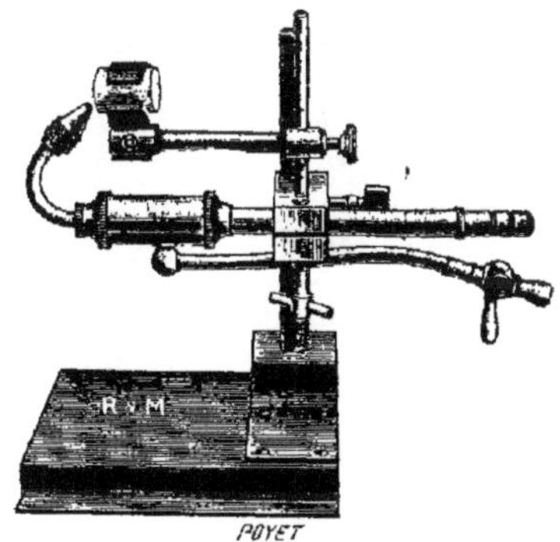

Fig. 55. — Chalumeau oxyacétylène à faible débit.

produite sur un corps réfractaire, de manière à le porter à l'incan-descence.

L'emploi de l'acétylène exige un chalumeau spécial (*fig.* 55). Le diamètre de l'orifice du bec est plus étroit, à lumière égale, que pour l'hydrogène, et les deux gaz doivent être mélangés plus en arrière de l'orifice. Le cylindre de chaux ne peut pas être utilisé avec l'acétylène : il noircirait, au lieu de devenir incandescent, et il est indispensable de le remplacer par une pastille de terre rare.

Au lieu d'utiliser un condensateur à lentilles, il sera préférable

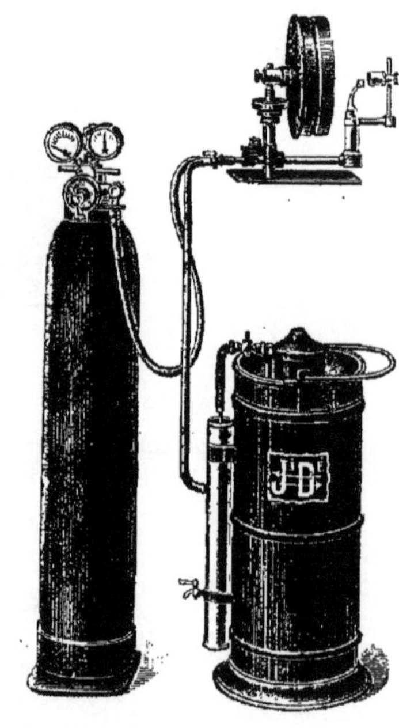

Fig. 56. — Poste d'éclairage « Oxydelta » (Production de l'oxygène par l'oxygénite).

Fig. 57. — Poste d'éclairage « Oxydelta » (Oxygène fourni par un tube).

d'employer un réflecteur parabolique. Il va sans dire que la lumière sera dirigée en sens inverse, c'est-à-dire la pastille incandescente faisant face au miroir, qui concentrera vers le film la plus grande partie des rayons émis.

La figure 56 représente un chalumeau à lumière oxyacétylénique, alimenté par un générateur à acétylène et un générateur à oxygène. Le dessin suivant reproduit un poste d'éclairage du même constructeur : le générateur à oxygénite est ici remplacé par un tube d'oxygène comprimé. L'éclat de la lumière obtenue à l'aide de ces

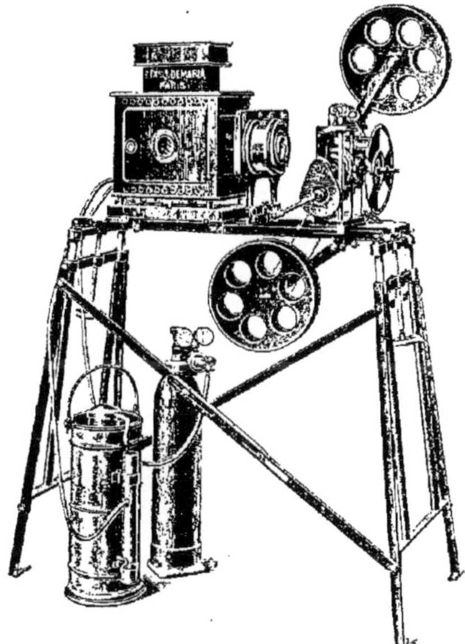

Fig. 58. — Poste cinématographique avec générateur oxyacétylénique.

appareils est d'environ 3.000 bougies. On peut ainsi éclairer suffisamment un écran de 3 mètres de largeur à 20 mètres de distance.

CHAPITRE V

APPAREILS DÉROULEURS

Principe. — Le mécanisme de déroulement du film à la projection est semblable à celui qui sert à la prise des vues. Dans un cas comme dans l'autre, en effet, il s'agit d'entraîner la bande par saccades, de manière qu'elle soit complètement arrêtée au moment où l'obturateur s'ouvre pour laisser passer la lumière, et que la substitution d'une image à la suivante s'opère brusquement, pendant l'instant très court où l'obturateur intercepte la lumière.

Du reste, au début de la cinématographie, le même instrument servait indifféremment à la prise des vues et à leur projection. Ainsi, pour adapter le *cinématographe-type* de MM. Lumière à la projection, il suffit d'ouvrir le panneau arrière et de placer la boîte devant une lanterne à condensateur. Pour utiliser le mieux possible l'éclairage, on dispose les deux demi-disques de l'obturateur de façon qu'ils se recouvrent mutuellement.

Le châssis-magasin (voir tome Ier) est remplacé par un porte-pellicule spécial qui s'adapte à la même coulisse, au-dessus de la chambre noire. Ce support (*fig.* 59) se compose de deux montants en laiton AB, CD, réunis par une équerre à leurs extrémités inférieures. Le montant AB porte deux tiges horizontales E, F. Le montant CD est articulé sur l'équerre, de manière à pouvoir se rabattre sur le panneau supérieur de la chambre noire. On enroule le film, gélatine en dehors, en commençant par la fin de la scène; on rabat le montant CD du porte-pellicule, et on enfile le centre du rouleau sur l'axe F ; on relève le montant, on fait passer la bande sur la tige E et on l'introduit dans la fente garnie de velours, en procédant comme pour la prise des négatifs. La lumière du projecteur étant réglée, on supprime l'éclairage de la salle, et l'on n'a plus qu'à tourner la manivelle, à raison de deux tours par seconde.

Actuellement, on emploie presque toujours dans les projections des appareils spécialement construits dans ce but. Les constructeurs ont imaginé à cet effet une foule de dispositions qui peuvent se ramener, en définitive, à deux modes principaux d'entraîne-

Fig. 59. — Porte-pellicule adapté au cinématographe-type (Lumière).

ment du film : l'entraînement par came et griffes et l'entraînement à croix de Malte.

Entraînement par came et griffes. — Ce mode d'entraînement du film est celui qui avait été adopté dès le principe dans le cinématographe-type de MM. Lumière. Ces constructeurs ont combiné un appareil spécialement destiné à la projection (*fig.* 60). Il contient les mêmes organes d'entraînement que le cinématographe-type, mais on a supprimé les dispositifs nécessaires à l'exécution des négatifs et au tirage des positifs, ce qui a permis d'en simplifier la construction et d'en abaisser le prix.

La manivelle est reliée par un engrenage à l'axe du secteur d'obturation. Le même axe porte une came triangulaire qui communique au cadre porte-griffes un mouvement alternatif vertical saccadé, et un double disque à plans inclinés qui communique au cadre porte-griffes un déplacement d'avant en arrière et *vice versa*. Il résulte de ces deux mouvements combinés que les griffes d'entraînement montent d'abord derrière le film sans le toucher, puis pénètrent dans les perforations, entraînent le film dans leur mouvement de descente, et l'abandonnent, une fois arrivées au bas de leur course. La forme et la position de la came excentrique (voir tome Ier) sont calculées de telle sorte que le mouvement

Fig. 60. — Cinématographe Lumière pour projections.

de descente s'accomplit très rapidement, pendant que le secteur opaque est interposé entre l'objectif et le film, tandis que celui-ci reste complètement immobile pendant que la lumière passe librement de la lanterne à l'objectif à travers le film.

Plusieurs fabricants ont conservé le même mode d'entraînement, mais y ont ajouté certains organes spéciaux, notamment des organes de protection contre l'incendie. Ils ont modifié la forme de l'obturateur, afin d'atténuer, sinon de supprimer entièrement le scintillement. Ces nouveaux dispositifs seront décrits plus loin.

Entraînement à croix de Malte. — Le mouvement intermittent nécessité par le déroulement du film et la succession des images est parfaitement réalisé par le mode de transmission dit à croix de Malte, ainsi dénommé à cause de la forme de la pièce principale du mécanisme, comme on peut le voir par les figures 61 et 62.

L'axe de l'obturateur porte un disque T sur lequel est vissé un doigt *d* qui, à chaque révolution, vient s'engager dans l'une des fentes radiales *f*, *f* de la croix de Malte M, qu'il entraîne dans son mouvement de manière à lui faire exécuter un quart de tour. Le

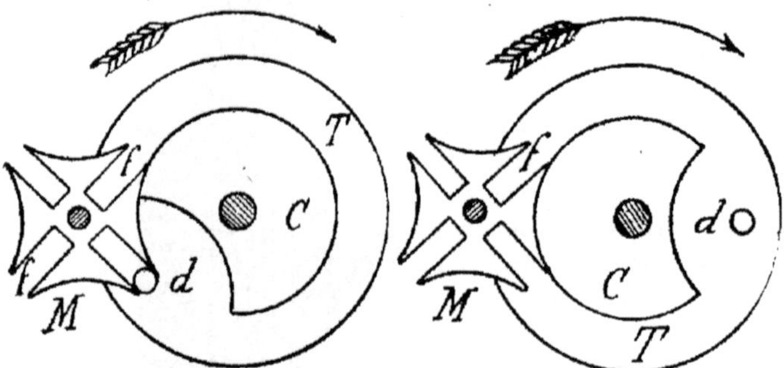

Fɪɢ. 61.
Croix de Malte (phase d'entrainement).

Fɪɢ. 62.
Croix de Malte (phase d'arrêt).

doigt se dégage ensuite de la fente, pendant qu'une portion du disque C, qui fait corps avec le plateau T, vient s'appliquer exactement, comme le montre la figure 62, contre la partie concave qui termine chaque branche de la croix et assure ainsi l'immobilité complète de cette pièce entre deux entraînements consécutifs.

Si l'on analyse le mouvement de la croix de Malte, on se rendra compte que la vitesse de rotation de l'axe qui la porte croît progressivement, à partir du moment où le doigt s'y engage, pour atteindre un maximum et décroître ensuite.

Or, la croix de Malte est montée sur le même axe que le cylindre denté qui entraîne le film. On comprend donc l'utilité de cette vitesse, accélérée d'abord et retardée ensuite, et aussi l'importance de réaliser : 1° avec une extrême précision, le mouvement intermittent de la croix de Malte, mouvement auquel correspond le changement d'images ; 2° l'immobilité absolue de cet organe, pendant la période de projection.

Pour assurer au mécanisme la précision indispensable, il faut prévoir un réglage au cas où les pièces frottantes s'useraient à la

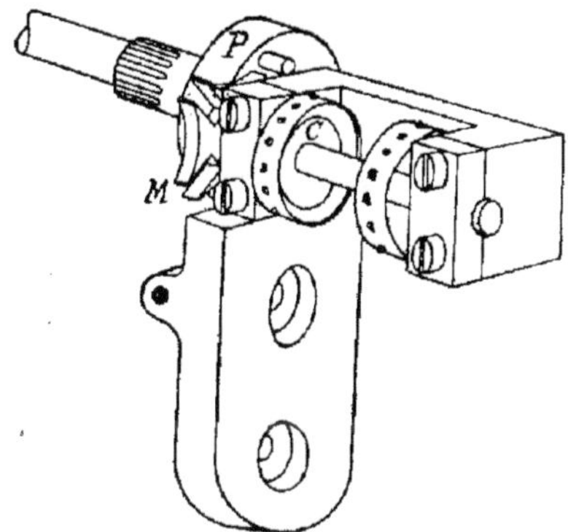

Fig. 63. — Mécanisme d'entraînement à croix de Malte.

longue. L'arbre de la croix de Malte est donc monté sur un support susceptible d'un petit déplacement dans le sens du rapprochement des centres des deux mobiles T et M, rapprochement dont la mesure est déterminée par deux vis opposées l'une à l'autre et qui permettent de bloquer rigidement le support dans sa position convenable.

La figure 63 représente l'ensemble du mécanisme d'entraînement dans le *chrono-projecteur* Gaumont. Les perforations du film s'adaptent aux dents des galets d'entraînement C, dont l'axe porte la croix de Malte M, qui se meut par saccades sous l'impulsion périodique du doigt fixé sur le cylindre P.

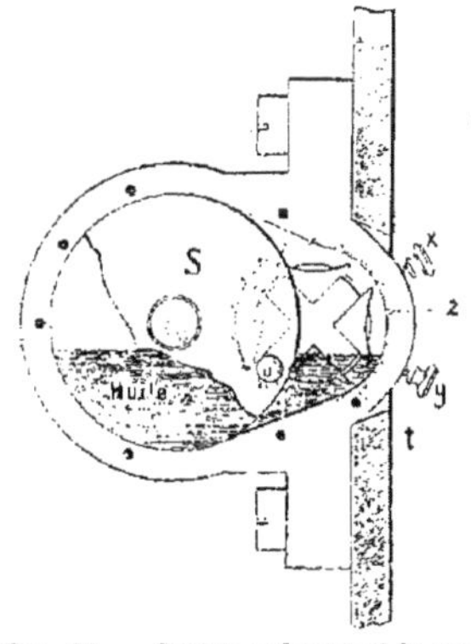

Fig. 64. — Carter enfermant la croix de Malte et son plateau d'entraînement.

Le dessin suivant montre la disposition adoptée dans le cinématographe Pathé. La croix de Malte et le plateau d'entraînement sont enfermés dans un carter étanche qui les met complètement à l'abri de la poussière. Les deux organes mobiles plongent dans un bain d'huile qui assure un graissage régulier et économique pour plusieurs semaines, évitant tout risque de grippage et réduisant à son minimum l'usure des surfaces frottantes. L'huile est introduite par l'orifice supérieur, que l'on bouche ensuite au moyen de

Fig. 65. — Organes d'entraînement du projecteur Ernemann (l'arbre de la croix de Malte est représenté séparément, à droite).

la vis X. L'orifice fermé par la vis y marque le niveau qu'il ne faut pas dépasser, S est le plateau d'entraînement, dont le doigt U fait tourner la croix, ainsi que le galet denté Z, monté sur le même axe mais à l'extérieur du carter, et représenté en pointillé.

Organes guides du film. — Le passage du film au foyer de l'objectif est régularisé par divers dispositifs analogues à ceux de l'appareil qui sert à la prise des vues et que nous avons décrit dans

la première partie de cet ouvrage. Ces organes offrent des diffé-
rences de détail d'un appareil à l'autre, mais le principe en est
toujours le même, et il suffira de décrire brièvement les dispositions adoptées dans le chrono Gaumont.

Le *couloir* l (*fig.* 66) est en acier. Il sert à conduire la pellicule
devant la fenêtre *f*, au foyer de l'objectif, et se termine par deux

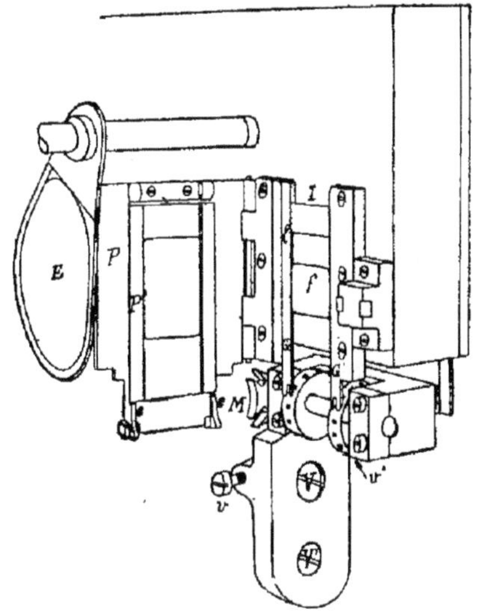

Fig. 66. — Couloir et volet de sûreté du chrono Gaumont.

guides G, G', qui dirigent le film sur le cylindre denté d'entraînement à mouvement intermittent.

La *porte* P, qui maintient la pellicule dans le couloir au moyen
de ressorts agissant sur un cadre P', est percée d'une ouverture
assez grande pour permettre de projeter la lumière sur la fenêtre *f*,
quelle que soit la position du porte-objectif. Deux petits compresseurs *c*, *c*, fixés au bas de la porte, appliquent les bords de la pellicule sur le cylindre denté entraîneur.

Les galets compresseurs *s*, *s'* (*fig.* 67), dont la fonction est d'appliquer la bande sur les tambours dentés, sont au nombre de trois,
dont un pour le tambour débiteur et deux pour le tambour inférieur.

Ils sont montés sur des cadres qui, sous l'action de ressorts, peuvent occuper deux positions : l'une de fonctionnement, en appliquant les galets sur les tambours dentés de façon à assurer l'engrènement de la perforation sur la denture ; l'autre, de repos,

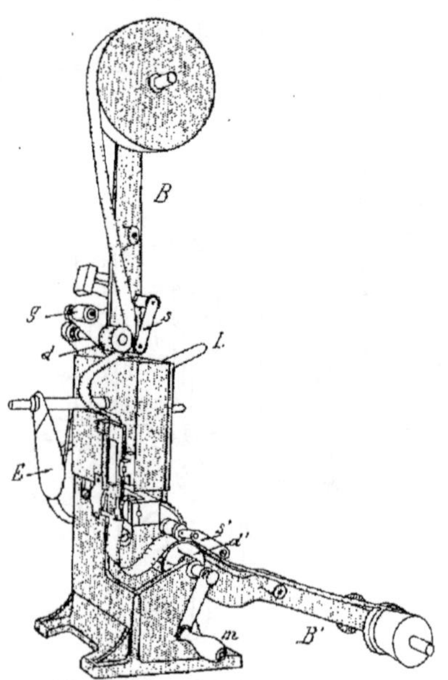

Fig. 67. — Déroulement du film dans le chrono Gaumont.

en écartant les compresseurs de la denture, pour permettre la mise en place et l'enlèvement de la pellicule.

Pour éviter la rupture du film, il faut laisser deux *boucles*, c'est-à-dire deux parties non tendues, l'une avant, l'autre après le couloir, comme on le fait d'ailleurs pour la prise des vues. Sans cette précaution, la masse relativement lourde du film enroulé sur les bobines ne céderait pas immédiatement à la traction saccadée du mécanisme d'entraînement, dont les brusques secousses provoqueraient le déchirement du celluloïd. Le film est donc déroulé d'un mouvement uniforme par les galets *d* et *d'* (*fig.* 67) sous l'action de la manivelle m, et le mouvement saccadé ne s'exerce que sur la faible longueur comprise entre les deux boucles.

Le mouvement régulier des galets d'entraînement est également communiqué à l'axe de la bobine réceptrice, mais par l'intermédiaire de deux axes concentriques à frottement doux. En effet, le diamètre de la bobine formée par la bande enroulée augmente progressivement, tandis que les cylindres d'entraînement conservent toujours les mêmes dimensions : les rapports des circonférences changeant constamment, si les axes restaient invariablement liés, le film trop tendu ne tarderait pas à se rompre.

Obturateur. — Les premières projections cinématographiques présentaient de graves défauts : l'image projetée sur l'écran n'était pas fixe, et les alternatives rapides d'ombre et de lumière se traduisaient par un scintillement très désagréable et qui devenait même fatigant pour la vue quand la séance se prolongeait.

Les déplacements dus à un repérage imparfait des images qui se succèdent sur l'écran ont pu être facilement évités par une plus grande précision apportée à la construction des appareils dérouleurs. Quant au scintillement, bien qu'il soit maintenant très atténué, il serait exagéré de prétendre qu'on s'en soit complètement affranchi.

Avant que l'on eût découvert la solution actuellement adoptée, M. Gaumont avait eu recours à un moyen indirect, dont le principe n'avait pas été clairement élucidé, mais dont l'efficacité était bien certaine. Ce moyen consistait à regarder l'écran au travers d'un réseau, d'une grille, tel qu'une toile métallique, par exemple. Pour rendre l'instrument plus présentable, on l'avait fait construire sous la forme d'un petit éventail japonais. La partie supérieure en était ajourée, et le spectateur n'avait qu'à l'interposer entre ses yeux et l'image.

Il en résultait évidemment une perte de lumière, et l'on avait d'abord pensé que là était peut-être la raison du résultat obtenu ; mais il n'en est rien, car si on remplace la grille par un verre fumé enlevant la même quantité de lumière, le scintillement persiste. C'est donc bien au réseau qu'il faut attribuer la fixité relative des projections, et cette fixité s'accentue encore, si l'on imprime à l'éventail un léger mouvement de va-et-vient.

Bien que l'amélioration ainsi réalisée fût appréciable, le procédé était d'une application difficile à un public nombreux, et, en tout cas, contraignait chaque spectateur à un exercice ennuyeux. La principale utilité de cet expédient provisoire fut de faire comprendre la véritable cause du scintillement et de mettre les constructeurs sur la voie des moyens les plus efficaces pour l'éviter. La pénible impression qu'éprouve le spectateur résulte des brusques alternatives de vive lumière et de profonde obscurité résultant du fonctionnement des obturateurs primitifs. Le rôle de l'éventail à grille est de ménager la transition de l'obscurité à la lumière et inverse-

Fig. 68. — Obturateurs à secteurs évidés.

ment, en ne laissant pas à l'œil le temps de s'illuminer trop fortement.

On a donc songé à modifier l'obturateur, et l'on a intercalé, dans la partie ajourée du secteur tournant, des surfaces opaques de formes et de dimensions variées. On produit ainsi, pendant le temps d'éclairement, de très courts instants d'obscurité, qui empêchent l'œil d'être complètement illuminé et lui évitent en partie la sensation résultant d'une trop brusque transition quand survient la période d'obscurité.

M. A. Mallet a entrepris des recherches méthodiques, qui l'ont conduit à déterminer les lois qui doivent présider à la construction de l'obturateur et les meilleures dispositions qu'il convient de lui donner en pratique :

1° Il faut que les périodes de lumière et d'obturation soient sensiblement égales ;

2° Etant donné la vitesse de rotation des appareils, il ne faut pas que les périodes d'obscurité soient supérieures à 1/5 de tour.

En d'autres termes, si l'on a un obturateur faisant l'obscurité en 1/5 de tour, la portion évidée du disque qui correspondrait aux 4/5

du tour devra être divisée en six secteurs alternés, évidés et pleins :
trois pleins de 1/5 de cercle, trois évidés formant ensemble 2/5 de
cercle ; ce qui revient à dire que les trois secteurs pleins de l'obtu-

Fig. 69. — Appareil projecteur.

rateur doivent être égaux entre eux, et les trois secteurs évidés
également égaux entre eux (*fig.* 68). De même, si l'appareil fait
1/6 d'obturation, il faut faire usage d'un obturateur comportant
trois secteurs évidés de 1/6 de cercle et trois secteurs pleins de 1/6.

Mais cette règle n'est plus vraie dans le cas où l'obturation se fait moins rapidement que 1/5 de tour : alors on peut augmenter un peu la proportion de la lumière par rapport à l'obscurité. Par exemple, pour l'obturation à 1/8, on donnera 5/8 de lumière et 3/8 d'obturation.

Le lecteur trouvera ces dispositions appliquées aux disques obturateurs dans les figures 69 et 80.

Bobines. — Le film est livré enroulé sur lui-même, de manière

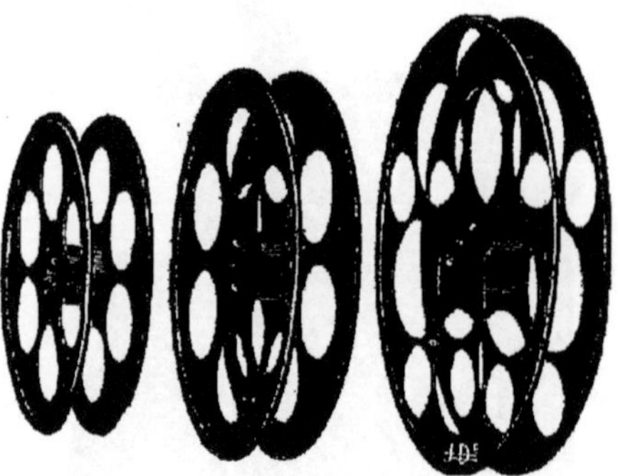

Fig. 70. — Bobines démontables.

à former une sorte de disque dont l'épaisseur n'est autre que la largeur de la pellicule, et dont le diamètre dépend de la longueur de la bande. Afin d'éviter que les spires concentriques glissent les unes sur les autres, ce qui rendrait le déroulement très difficile, on a soin de les maintenir entre les *joues* d'un rouet léger, en métal ajouré, communément désigné sous le nom de *bobine* (*fig.* 70). L'une des joues est amovible, et, comme on a laissé, au début de l'enroulement du film, un espace vide au centre du disque, il est très facile de l'adapter à l'axe de la bobine.

Le diamètre des bobines varie suivant la longueur des bandes. Certains cinématographes sont munis de plusieurs supports plus ou moins éloignés du mécanisme dérouleur : les petites bobines sont placées sur l'encoche inférieure ; les plus grandes, sur l'encoche la plus élevée (*fig.* 69).

Le débiteur ordinaire du cinématographe Lumière ne contient

que 20 mètres de film. Pour les bandes plus longues, il faut joindre
à cet appareil un *défileur* Carpentier-Lumière (*fig.* 71) dont les
bobines peuvent recevoir plus de 400 mètres de pellicule.

Fig. 71. — Défileur Carpentier-Lumière.

Le défileur se compose d'un bâti de fonte reposant, par l'intermédiaire d'un socle en noyer, sur la table-support, devant la lanterne de projection. C'est sur ce socle que vient se loger le cinématographe C (*fig.* 72). Deux colonnes supportent, au-dessus du
socle, la bobine dérouleuse D et, au-dessous de la tablette, la

bobine enrouleuse E. Deux tambours dentés T, T', montés sur des axes horizontaux, entraînent la pellicule à l'entrée et à la sortie du

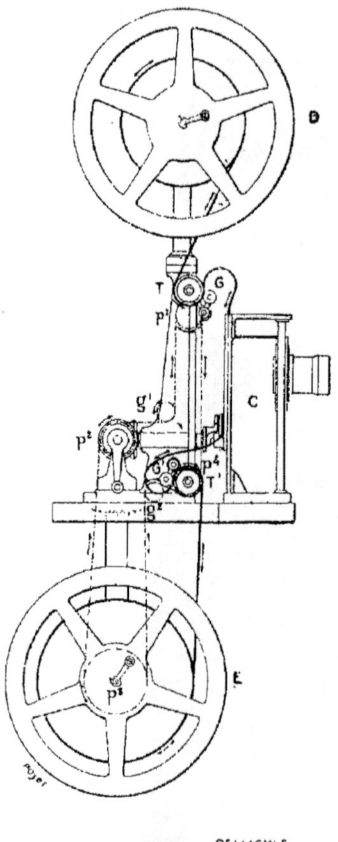

Fig. 72. — Schéma du défileur.

cinématographe. Des galets presseurs à ressort, G, G', assurent le contact de la bande et du tambour. Une manivelle, placée sur l'un des côtés du défileur (à droite, en regardant l'écran), détermine l'entraînement de tout le système, au moyen d'une chaîne à tension réglable par un galet mobile g_4. A l'aide de pignons d'angle, cette manivelle commande en même temps le cinématographe. La manivelle ordinaire de ce dernier est remplacée par un bras de manivelle à échancrure, qui présente un logement au goujon de la contre-manivelle du défileur et rend ainsi le cinématographe solidaire du défileur.

Les jeux de tambours dentés sont établis pour *perforation Lumière* et pour *perforation américaine* (voir tome Ier), et sont facilement interchangeables.

Les bobines se composent chacune de deux joues métalliques, d'un moyeu en laiton et d'un noyau en bois muni d'une pince à ressort. Des crochets, entrant dans une gorge, maintiennent les bobines sur leur axe. La joue extérieure de la bobine dérouleuse est mobile, et le noyau qu'elle admet peut être remplacé par un autre. Ce noyau constitue une forme sur laquelle on enroule les pellicules aboutées formant le spectacle.

L'entraînement des bobines est modéré par des plateaux de friction placés normalement à l'axe, garnis de feutre, et dont on peut modifier le serrage au moyen d'un bouton moleté. Ce réglage permet d'assurer continuellement au film la tension la plus convenable.

Pour assurer l'enroulement de la bande autour de la bobine réceptrice, l'extrémité qui porte sur le noyau de bois y est fixée par la pince à ressort. L'axe de cette bobine n'est pas entièrement solidaire de celui de la poulie p^3 : les deux arbres sont concentriques et glissent l'un dans l'autre à frottement doux, de telle sorte que la chaîne d'entraînement ne fasse tourner la bobine réceptrice que de la quantité voulue pour enrouler le film, sans en provoquer la rupture. Dans d'autres appareils, le même résultat est obtenu en transmettant le mouvement à la poulie de la réceptrice par une chaîne ou une courroie incomplètement tendue (*fig.* 73 et 74). Cette indépen-

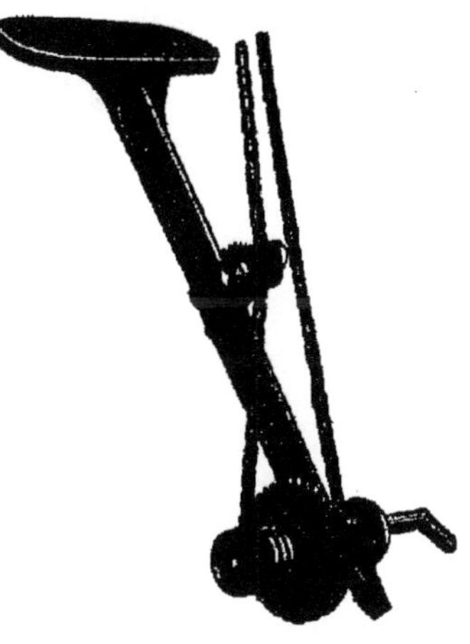

Fig. 73. — Enrouleuse automatique avec entraînement par chaîne de Galle.

dance de la bobine enrouleuse est nécessitée, comme on l'a vu plus haut, par le diamètre grandissant du rouleau.

Mise en mouvement. — Le mécanisme dérouleur de tous les cinématographes est commandé par une manivelle que l'opérateur projectionniste doit tourner très régulièrement, à raison de deux tours par seconde, comme pour la prise des vues. L'axe de cette manivelle est lié par un jeu d'engrenages aux organes d'entraînement, de telle sorte que huit images se succèdent à chaque tour de manivelle. La vitesse normale est donc de seize images par seconde et doit rester constamment uniforme.

Nous avons expliqué, dans la première partie de cet ouvrage, qu'au moment de la prise des vues, il était quelquefois nécessaire d'accélérer ou de ralentir le déroulement de la pellicule sensible, afin qu'à la projection le mouvement photographié parût plus lent

Fig. 74. — Enrouleuse automatique avec courroie métallique et bobine de 300 mètres.

ou plus rapide qu'il ne l'était en réalité. Mais, pour avoir de bonnes

Fig. 75. — Petit moteur électrique.

projections, sans à-coups, il est indispensable de maintenir parfaitement régulier le mouvement du mécanisme dérouleur.

Aussi a-t-on songé à remplacer ici la main de l'opérateur par une machine à mouvement de rotation bien équilibré. Le moteur élec-

Fig. 76. — Rhéostat avec commutateur.

trique donne à ce point de vue toute satisfaction, et n'occasionne

Fig. 77. — Poste cinématographique avec tableau de distribution.

qu'une dépense insignifiante, car l'énergie absorbée est très faible

(1/8 et même 1/12 de cheval). Le mécanisme est enfermé dans un carter (*fig.* 75) qui le préserve des poussières et évite tout risque d'incendie pouvant résulter des étincelles qui jaillissent souvent entre le collecteur et les balais. La vitesse de l'induit est réglée par la manivelle du rhéostat, qui sert aussi d'interrupteur (*fig.* 76).

Le rhéostat est fixé à la table-support du cinématographe, à portée de la main de l'opérateur qui, une fois la vitesse réglée, n'a

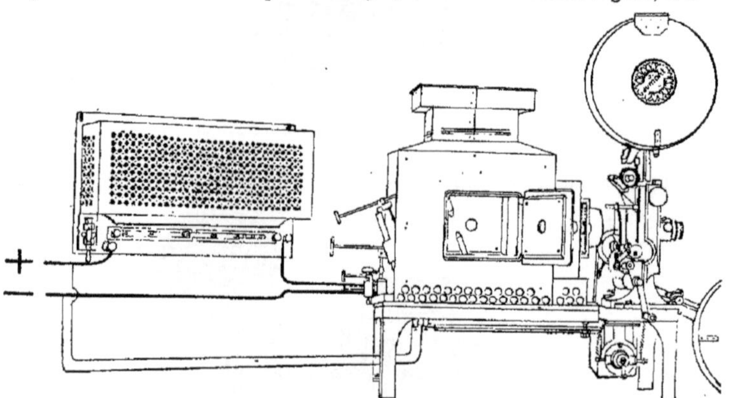

Fig. 78. — Schéma des connexions de l'arc et du moteur.

plus à s'imposer la fatigue inutile qu'occasionne la manœuvre de la manivelle d'entraînement, et peut concentrer toute son attention sur le fonctionnement de la lampe. Le rhéostat de l'arc se trouve généralement sur le tableau de distribution (*fig.* 77). La figure 78 montre comment le circuit du moteur électrique doit être branché sur la canalisation : la prise de courant est établie avant le rhéostat de réglage de la lampe à arc, afin d'utiliser toute la force électro-motrice dont on dispose et de rendre le moteur indépendant des variations de l'arc.

Pare-feu. — Le celluloïd, dont la plupart des films actuels sont composés, est facilement inflammable et, lorsqu'il a pris feu, il est à peu près impossible de l'éteindre, car la combustion en est très vive et produit une grande flamme qui se propage rapidement. Aussi a-t-il fallu prendre certaines précautions, pour éviter l'inflammation des bandes placées à proximité de la lanterne et pour limiter l'incendie, lorsqu'il vient à se produire.

La préfecture de police de Paris et un grand nombre de villes exigent que les bobines contenant les films soient enfermées dans des boîtes métalliques ou *carters* pare-feu. La boîte (*fig.* 79) est précédée d'un couloir de quelques centimètres de long, dans lequel passe la bande avant d'arriver à l'appareil. La raréfaction de l'air dans cet étroit passage et l'absorption rapide, par la masse métallique du couloir, de la chaleur dégagée par la faible longueur de

Fig. 79. — Carter pare-feu.

pellicule qui se trouverait accidentellement enflammée pendant son exposition, s'opposent à la propagation de l'incendie jusque dans le carter où se trouve la bobine. La portion brûlée ne peut être que de 25 à 30 centimètres au plus.

Les constructeurs de cinématographes ont imaginé d'autres dispositifs protecteurs contre l'incendie. La plupart sont basés sur la force centrifuge. Un régulateur, analogue à celui que Watt a appliqué aux machines à vapeur, commande un volet qui intercepte la lumière (et par conséquent la chaleur), quand le mécanisme d'entraînement est au repos. En tournant, le régulateur écarte le volet, qui se referme en cas d'arrêt. Une disposition spéciale permet de laisser le volet ouvert, même au repos, pour le réglage de la mise au point. La figure 66 représente, en E, le volet de sécurité du chrono Gaumont, désigné parfois sous le nom de *raquette*, à cause de sa forme caractéristique.

Le projecteur Pathé est muni d'un double mécanisme de sûreté, système Mallet (*fig*. 81). L'ensemble de l'appareil Mallet se compose de deux boîtes en tôle d'acier embouti A, A, au centre des-

Fig. 80. — Poste de projection avec carters pare-feu.

quelles est fixé un axe en acier destiné à recevoir la bobine de film. Ces boîtes sont supportées par des bras en fer B″, B′, l'un au-dessus, l'autre en dessous de la table-support du projecteur. Les deux systèmes de sûreté empêchent chacun tout contact entre la partie du film enflammée et celle contenue dans les boîtes.

Le premier ferme automatiquement la fente de passage du film de chaque boîte, en cas d'incendie. A sa sortie de la bobine A (*fig.* 82), le film G traverse la fente M et les deux rouleaux évidés en cuivre C. Il se rend ensuite dans le couloir du dérouleur. F est un

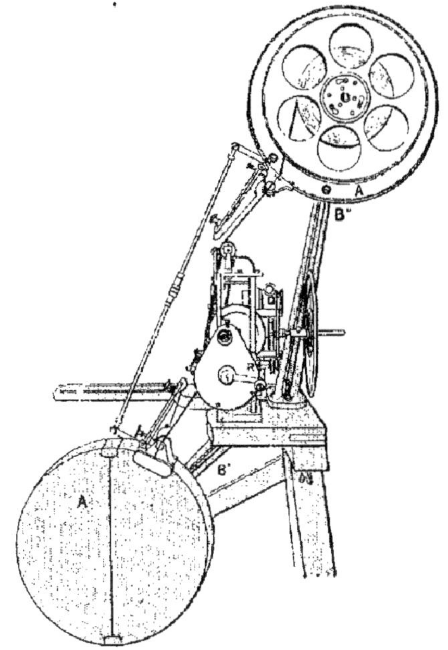

Fig. 81. — Projecteur Pathé, muni des boîtes protectrices contre l'incendie (système Mallet).

obturateur cylindrique qu'un ressort tend à appliquer contre la fente de sortie du film, mais qui en est maintenu écarté par un cordonnet de fulmi-coton E. Ce cordonnet est tendu à l'aide du levier D dont l'inclinaison est réglable par une vis.

Si le film G vient à s'enflammer, il communique immédiatement le feu au cordonnet de fulmi-coton E. L'obturateur F n'étant plus retenu cède à la pression de son ressort et ferme instantanément la fente de passage du film, isolant complètement la partie en ignition de la partie contenue dans les boîtes.

Le second mécanisme de sûreté fonctionne à la main (*fig.* 83). Chacune des deux extrémités de la tige I est reliée à une bielle coudée H, qui porte un segment denté en contact avec une roue d'engrenage. Cette roue est solidaire du boisseau de robinet C que

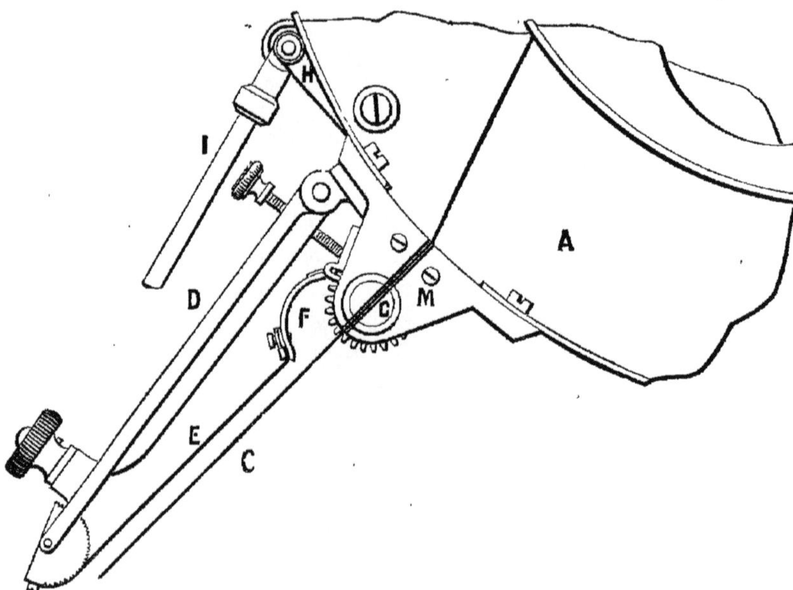

Fig. 82. — Détails schématiques du boisseau de robinet C et de l'obturateur automatique F.

traverse le film à sa sortie de la boîte. En tournant dans la masse fixe M, le boisseau fait cisaille. En cas d'incendie, il suffit de tirer vigoureusement la tige I de haut en bas : le film se trouve coupé net et le boisseau s'étant retourné ferme tout passage à la flamme.

Projections bichromes. — Le mécanisme dérouleur des films destinés aux projections bichromes est combiné d'une manière analogue à celui qui sert à la prise des vues et dont nous avons décrit le principe dans le chapitre x de la première partie de cet ouvrage. Le film négatif, exposé derrière les secteurs alternative-

ment vert et rouge, sert à tirer des bandes positives qui doivent, de
même, se dérouler derrière des écrans tour à tour verts et rouges,
à la même vitesse que celle de la prise des vues, c'est-à-dire à raison
de 32 images par seconde, soit deux fois plus vite qu'une projection
monochrome.

A cet effet, la manivelle est liée au mécanisme dérouleur par un

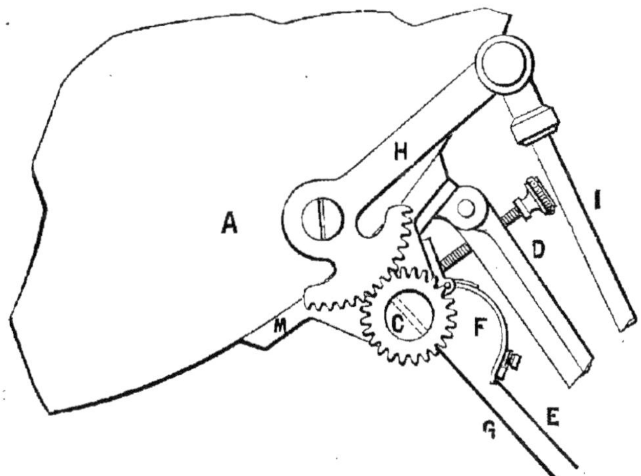

Fig. 83. — Détails schématiques du mouvement à engrenage fermant le boisseau
de robinet C, actionné par la bielle H et la tige I.

engrenage combiné de telle sorte que chaque tour de l'arbre de la
manivelle corresponde au passage de 16 images au lieu de 8. L'opérateur peut ainsi exécuter la manœuvre dont il a acquis l'habitude,
c'est-à-dire tourner la manivelle à raison de 2 tours par seconde.

L'obturateur ordinaire est ici remplacé par un disque qui ne
tourne que d'un demi-tour à chaque image, et deux secteurs opaques
y alternent avec deux secteurs transparents colorés l'un en vert,
l'autre en rouge.

La position du film sur les galets d'entraînement n'est pas in-
différente; elle exige, au contraire, toute l'attention du projectionniste. En effet, la bande se compose d'images qui correspondent
alternativement à l'enregistrement des parties de l'image qui con-

tenaient du vert et à celui des parties qui contenaient du rouge. Ces deux séries d'images alternées sont donc très différentes. Pour que le coloris des projections soit exact, un repérage rigoureux est donc indispensable : il faut qu'au moment où l'obturateur est dans la position où il laisse passer la lumière à travers le secteur vert (*fig.* 84), l'image placée au foyer soit une de celles qui correspondent à l'impression du vert. S'il en est ainsi, on n'a plus qu'à tourner régulièrement la manivelle : l'obturateur, tournant d'un quart de tour, interceptera la lumière par l'un de ses secteurs opaques S

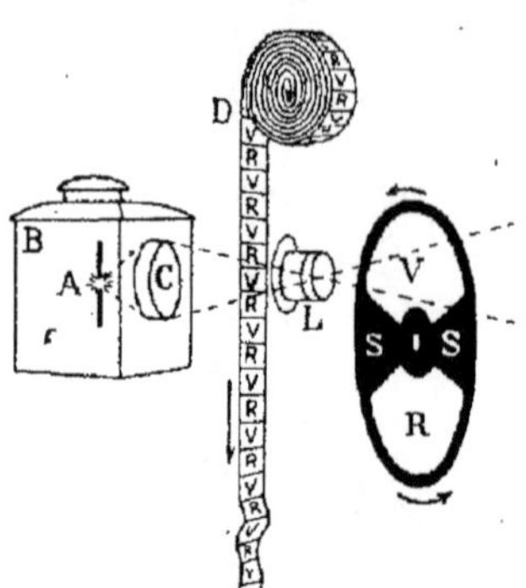

FIG. 84. — Bichromie.
Phase de projection d'une image verte.

(*fig.* 85), pendant que le mécanisme d'entraînement amènera l'image suivante au foyer de l'objectif. Cette nouvelle image sera bien une de celles qui correspondent à l'impression du rouge (*fig.* 86), et la reproduction en sera exacte, puisque ses parties transparentes n'enverront sur l'écran que du rouge, par suite de l'interposition du secteur rouge de l'obturateur.

Dans la pratique, pour reconnaître sans hésitation les deux séries d'images et éviter tout tâtonnement, les perforations des images à projeter en lumière verte portent une marque verte, ce qui permet de les distinguer immédiatement de celles qui correspondent à la lumière rouge.

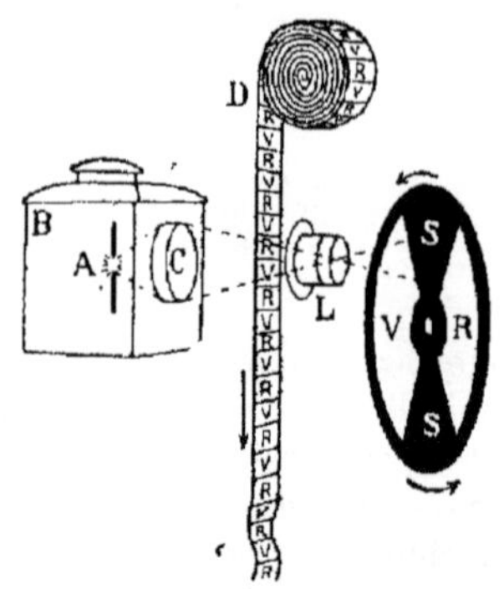

FIG. 85. — Bichromie. Phase d'obturation, pendant la substitution d'une image à la suivante.

La figure 87 montre la disposition donnée aux filtres colorés de l'obturateur dans le procédé de *Kinémacolor*. Ces écrans transparents sont des feuilles de gélatine assujetties dans un cadre en acier

d'où l'on peut facilement les retirer. Le secteur rouge est constitué par une seule feuille de gélatine colorée, tandis que le secteur vert est doublé au milieu d'une seconde feuille de même nuance.
Cette disposition a pour effet de mieux équilibrer le coloris. En effet, le secteur rouge donne à l'image une coloration intense. C'est pourquoi il ne faut jamais mettre plus d'une épaisseur de gélatine. Mais la gélatine verte transmettant beaucoup de lumière, cette couleur dominerait si l'on n'en employait qu'une seule épaisseur. Par contre, une

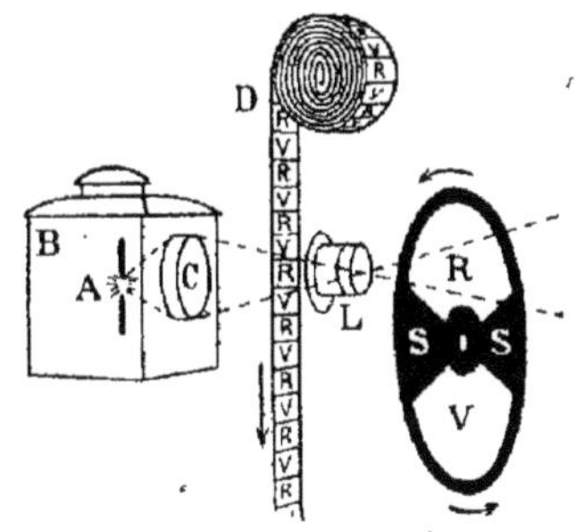

Fig. 86. — Bichromie.
Phase de projection d'une image rouge.

double épaisseur de gélatine verte sur toute la surface du secteur se traduirait par une dominante rouge. Il faut donc rester dans un juste milieu. Quand la surface de la seconde feuille de

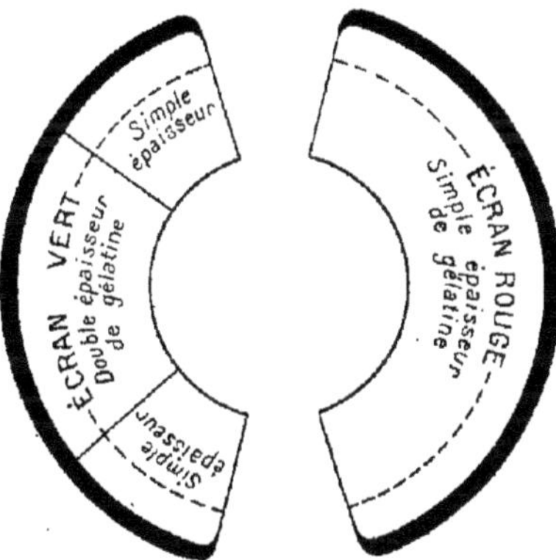

Fig. 87. — Secteurs colorés de l'obturateur pour projections bichromes.

gélatine verte a exactement l'étendue convenable, le disque, en tournant sans projection d'image, projette sur l'écran une couleur jaune très pâle. Si la feuille supplémentaire est trop large, la couleur projetée sur l'écran sera trop foncée; si, au contraire, elle est trop étroite, la projection sera presque blanche. C'est à l'opérateur d'y remédier avant la représentation. Ce réglage ne présente d'ailleurs aucune difficulté et ne demande qu'un peu d'attention et de patience.

Entretien du mécanisme dérouleur. — Les organes d'entraînement du film exigent beaucoup de soins. Il faut surtout maintenir en parfait état de propreté toutes les parties de l'appareil avec lesquelles la pellicule est susceptible d'entrer en contact et, en particulier, le couloir, la porte, le cylindre denté de la croix de Malte, ainsi que ses compresseurs, car c'est principalement dans ces pièces que des dépôts de gélatine et de poussière peuvent se produire, dépôts qui nuiraient autant à la conservation de la bande qu'à la stabilité des projections. Il est donc nécessaire de vérifier fréquemment la propreté du mécanisme et de le nettoyer, soit avec un chiffon, soit avec un pinceau.

Tous les pivots seront lubrifiés par de la bonne huile ; la meilleure est l'huile de pied de mouton ; à défaut on emploiera de l'huile de vaseline.

Le bain d'huile dans lequel plonge la croix de Malte sera toujours maintenu plein au niveau indiqué.

Les surfaces sur lesquelles s'applique le film, notamment les cylindres dentés où s'adaptent les perforations, doivent être très propres et exempts d'huile ; si l'on remarquait la moindre trace de corps gras, il faudrait l'enlever très soigneusement.

On vérifiera aussi les carters pare-feu, et notamment la fente de pénétration du film, où les poussières risquent de s'accumuler et qu'il faut nettoyer minutieusement.

Malgré tous les soins apportés à l'entretien de l'appareil, la rapidité du mouvement qu'exécutent certaines pièces en amène l'usure assez vite. Il sera donc nécessaire d'avoir à sa disposition des pièces de rechange, de manière à ne pas se trouver pris au dépourvu.

Les organes susceptibles d'une usure rapide sont d'ailleurs combinés de telle sorte que le remplacement en soit facile.

CHAPITRE VI

SALLE DE PROJECTIONS

Dispositions générales. — Autant que possible, la salle de projections doit être longue et de faible largeur, afin que la plupart des spectateurs, sinon tous, voient des images non déformées. En effet, l'écran est une surface plane et, si on l'observe obliquement, il paraît moins large, de telle sorte que les images qui y sont norma-lement projetées se présentent en raccourci. Ainsi un spectateur placé à droite ou à gauche de l'écran y verra les figures rétrécies : les personnages paraîtront plus maigres qu'ils le sont en réalité. Au contraire, un spectateur

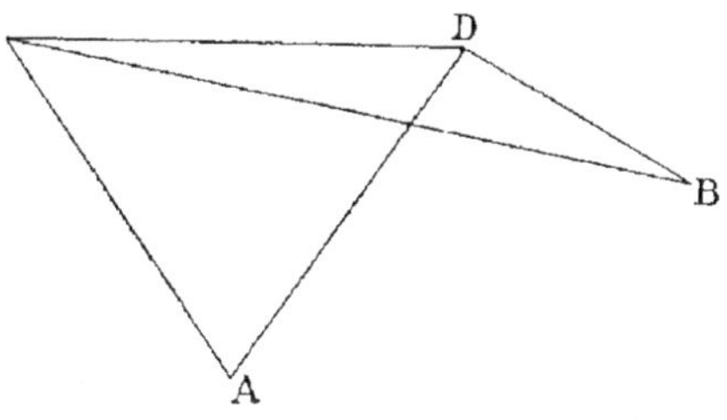

Fig. 88.
Perspective normale et perspective en raccourci.

assis plus bas que l'écran, par exemple à l'endroit où se tient d'ordinaire l'orchestre, verra des images rapetissées dans le sens de la hauteur, ce qui les fera paraître élargies.

La figure 88 montre clairement que l'observateur A placé en face de l'écran CD le verra bien tel qu'il est, tandis que l'observateur placé en B le verra tout déformé; les images qui s'y dessinent ne lui sembleront pas seulement plus étroites : toute la perspective en sera faussée, par suite de la grande différence entre les distances qui séparent le point B des points C et D.

Les meilleures places, celles d'où l'on verra les images les plus conformes à la réalité, sont celles qui se trouvent le plus rapprochées de l'axe optique, c'est-à-dire de la ligne droite qui va de l'objectif au centre de l'écran. C'est pourquoi dans la plupart des salles de spectacle spécialement destinées au cinématographe, les places les plus recherchées ne sont pas, comme au théâtre, celles qui se trouvent le plus près de la scène, mais bien celles qui sont à peu près au même niveau que la lanterne de projection.

Il est évident que plus la salle sera étroite, moins il y aura de places à sacrifier comme impropres au spectacle qui se déroule sur la surface plane de l'écran.

Toutefois, il n'est pas possible de disposer toutes les places au niveau de l'axe de projection. D'abord, quand la projection s'effectue par réflexion sur un écran opaque, le cône lumineux venu de la lanterne traverse la salle, et il faut bien que les spectateurs soient au-dessous ou sur les côtés de ce cône ; s'il en était autrement, les spectateurs atteints par les rayons du projecteur formeraient des ombres sur l'écran.

D'autre part, si toutes les rangées de sièges se trouvaient au même niveau, les spectateurs seraient gênés par ceux qui seraient placés devant eux : il vaut donc mieux que les sièges soient rangés en gradins.

Éclairage. — La salle est ordinairement éclairée à l'aide de lampes électriques à incandescence, que l'on éteint pendant la projection, pour les rallumer aussitôt qu'a cessé le déroulement d'une scène. Ces lampes sont particulièrement commodes, parce que l'opérateur n'a qu'à tourner un interrupteur placé à proximité de l'appareil. Il est préférable cependant de répartir les lampes en plusieurs circuits commandés chacun par un interrupteur distinct, afin de passer graduellement du plein éclairage à l'obscurité complète, avant de commencer le déroulement d'un sujet : l'œil du spectateur est en effet désagréablement impressionné par la brusque disparition de la lumière, sans aucune transition.

A défaut d'électricité, on pourra avoir recours au gaz et intercaler dans la canalisation un robinet qui permette de faire graduellement l'obscurité presque complète, sans toutefois éteindre tout à fait les becs, de manière à n'être pas astreint à les rallumer ensuite un à un.

Du reste, l'obscurité ne doit jamais être absolue dans une salle de spectacle cinématographique, car les ordonnances de police exigent l'installation de lampes de secours qui doivent demeurer constamment éclairées. Ces lampes, généralement alimentées au pétrole, sont garnies de verres foncés, de façon à gêner le moins possible, et leurs rayons ne sont jamais dirigés vers l'écran, afin de ne pas diminuer l'éclat des projections.

On exécute, depuis quelque temps, des projections en salle éclairée, afin d'éviter aux spectateurs le désagrément très réel qui résulte pour eux de l'obscurité.

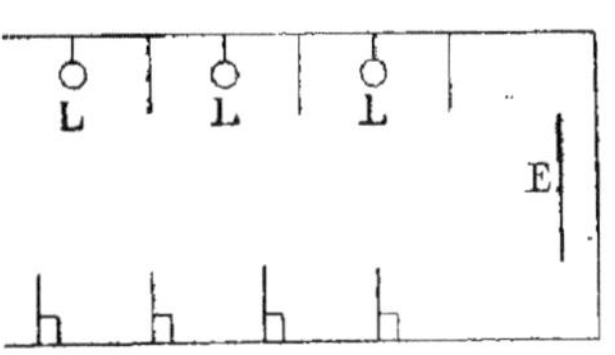

Fig. 89. — Projection en salle éclairée. Lampes à abat-jour verticaux.

Il convient de remarquer que la luminosité de la projection tient au contraste entre l'éclairement de l'écran et l'obscurité de la salle : si l'on éclaire celle-ci, la projection paraîtra moins brillante et pourra même cesser d'être visible. On arrive cependant à laisser la salle suffisamment éclairée et l'écran bien visible, en augmentant l'intensité de la lumière du projecteur. D'autre part, on éclaire la salle faiblement, et l'on empêche cet éclairage de frapper directement l'écran. A cet effet on peut munir chaque lampe L (*fig.* 89) d'un abat-jour vertical qui intercepte la lumière dans la direction de l'écran E, ou disposer un seul groupe de lampes (*fig.* 90) au-dessus de l'écran et le protéger par un abat-jour horizontal.

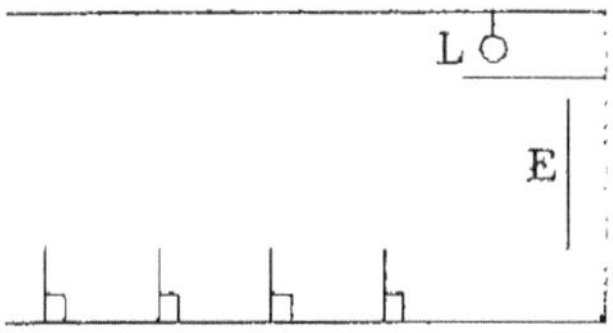

Fig. 90. — Projection en salle éclairée. Lampe à abat-jour horizontal.

Écran. — Les projections peuvent s'effectuer par transparence ou par réflexion. La seconde méthode est la plus employée, bien que la première fournisse de plus belles images, lorsqu'on y met tout le soin voulu.

La projection par transparence a, de plus, l'avantage de laisser toutes les places disponibles, puisque le projecteur est installé derrière l'écran. Seulement, cette combinaison n'est possible que lorsqu'on dispose d'une scène assez profonde pour y mettre le projecteur. Cependant, avec des objectifs à très court foyer, on peut se contenter d'un recul assez restreint.

Si l'écran est petit, il peut être constitué par une feuille de papier calque ou même par une glace finement dépolie. Il faut cependant que le grain soit assez gros pour que le point lumineux n'apparaisse pas à travers.

Pour les grands écrans, on fabrique du calicot en très grande largeur, 3 mètres et même davantage. Si la plus grande largeur est encore insuffisante, s'il en faut deux ou trois, on les coud en surjet ; toutes les bandes doivent provenir de la même pièce, les coutures sont disposées verticalement et, autant que possible, près des bords de l'écran. Le bord est renforcé, sur les quatre côtés, par un ruban de fil cousu tout autour. Des œillets métalliques sont placés de distance en distance (à 25 centimètres environ l'un de l'autre) tout près du bordage : ils servent à tendre la toile sur son cadre au moyen d'un lacet.

Si l'écran doit être fréquemment déplacé, on le monte sur des supports mobiles (*fig.* 91), très légers, facilement démontables, et susceptibles d'être divisés en plusieurs pièces que l'on peut transporter séparément ou réunir dans une seule caisse.

Avant chaque séance, l'écran doit être mouillé, afin de resserrer les fils de la toile et d'atténuer l'effet désagréable de la tache centrale lumineuse que voient surtout les spectateurs placés dans l'axe optique. Pour diminuer l'évaporation de l'eau, on y ajoute 10 0/0 de glycérine. Quand l'étoffe a été souvent mouillée, on ajoute à l'eau glycérinée de l'amidon et de la gomme arabique, qui font disparaître les interstices formés entre les fils.

Pour la projection par réflexion, il faut un écran blanc *opaque*.

Ici la toile ne suffirait pas, car tout ce qui passe à travers l'écran est perdu. Il vaut mieux recouvrir le mur d'un enduit blanc bien mat, comme le blanc de zinc ou le plâtre fin.

Le rendement est encore meilleur, avec un vernis contenant de la poudre d'aluminium. C. Zeiss prépare de ces écrans à surface métallisée, soit plane, soit ondulée : dans ce dernier cas, le rendement lumineux est trois ou quatre fois supérieur à celui d'un écran blanc mat.

Toutefois, ce rendement ne s'applique qu'à un champ limité, aussi rapproché que possible de l'axe optique. Les images projetées sur écran métallisé paraissent plus brillantes pour les spectateurs voisins de l'axe ; leur clarté diminue, d'abord lentement, à mesure

que l'on s'écarte de cette direction, puis tombe très rapidement, à
partir d'une certaine obliquité.

Plus clair que l'écran ordinaire pour les spectateurs placés bien

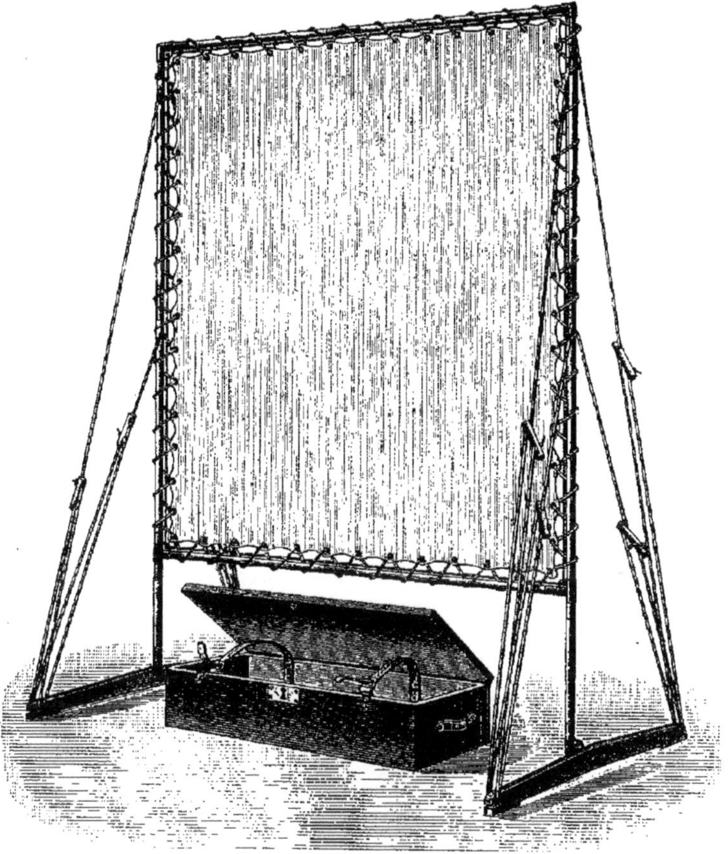

Fig. 91. — Porte-écran.

en face, l'écran métallique paraît plus sombre aux spectateurs relé-
gués sur les côtés. Il n'est donc avantageux que dans les salles
longues et étroites ; c'est surtout avec ce genre d'écran que les

salles larges conviennent mal aux projections, à moins de sacrifier un grand nombre de places latérales.

L'écran de projection est parfois encadré, comme les scènes de théâtre, dans un manteau d'arlequin, et masqué par un rideau, pendant les entr'actes. L'encadrement doit être sobre, et plutôt foncé que clair, de manière à donner plus d'éclat aux images, par un effet de contraste.

Cabine de projection. — Les ordonnances de police exigent que le poste de projection soit complètement séparé de la salle de spectacle, afin de limiter le désastre, en cas d'incendie. D'ailleurs, cette séparation a l'avantage de laisser la salle dans l'obscurité, tout en permettant à l'opérateur de s'éclairer suffisamment pour la manœuvre des appareils. En outre, elle atténue pour les spectateurs le bruit du mécanisme dérouleur et le sifflement de l'arc.

Dans les postes fixes, la cabine est faite de matériaux incombustibles, et la porte d'entrée, autant que possible, ne donne pas accès dans la salle de spectacle. La paroi qui sépare la cabine de la salle est percée de lucarnes (*fig.* 94) de 15 à 20 centimètres de côté : les unes servent au passage du faisceau lumineux, les autres permettent à l'opérateur de voir la projection et de remédier à ce qu'elle pourrait présenter de défectueux.

Pour les exploitations ambulantes, il existe des cabines démontables, formées de panneaux en tôle de fer nervée. Chaque panneau est numéroté, et l'assemblage s'effectue rapidement, au moyen de crochets.

A portée de la main de l'opérateur est un tableau de distribution (*fig.* 95) sur lequel sont groupés les interrupteurs qui permettent d'éclairer la salle ou de la plonger dans l'obscurité, ainsi que ceux qui ferment le circuit de la lampe à arc et le circuit du moteur de déroulement du film. Un ampèremètre indique l'intensité du courant, un voltmètre en mesure la tension, et la manivelle du rhéostat de l'arc permet de donner l'éclat voulu à la source lumineuse du projecteur.

Quant aux spires de fil conducteur qui constituent la résistance proprement dite du rhéostat (*fig.* 96), il est préférable qu'elles soient installées hors de la cabine, parce que la résistance qu'elles opposent au passage du courant se traduit par un échauffement no-

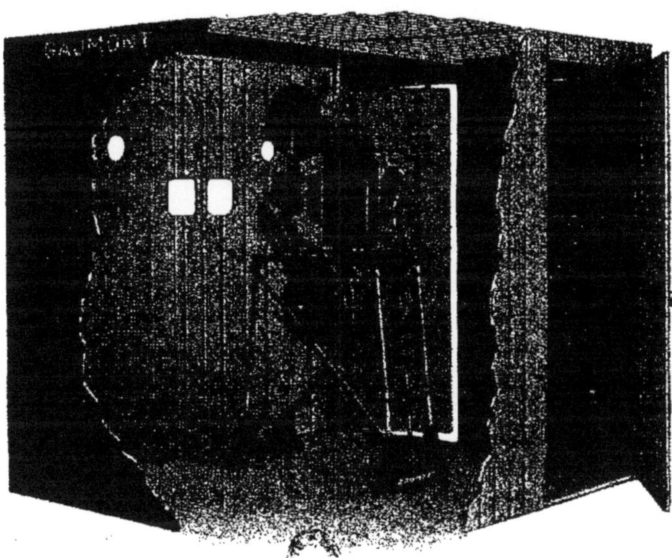

Fig. 92 et 93. — Cabines pour la projection.